ズボラでも一生お金に困らない

不労所得生活!

自己資金ゼロで
驚異の月収
450万円!

弁理士・中小企業診断士・不労所得家
horishin

新時代を生き抜くための不動産投資道

ぱる出版

※本書は『ズボラでも絶対できる 不労所得生活！』（2019年6月刊）を改訂したものです。

はじめに

現在、世界は過去に例を見ない非常事態に陥っています。これまでの「普通」が、これからの時代では非常事態が「フツウ」になるのです。

少し前までマスクは、冬の風邪予防か、花粉症対策で使われていました。しかし現在では、マスク着用なしでは外出もできません。風邪かな？と思うとき以外に出番がなかった体温計、今では、お店に入るためには測定が当たり前になりました。

今まで常識だったことが非常識になり、その非常識が「常識＝フツウ」になります。企業形態や給与にも、大きな変化が出ることでしょう。

テレワークの導入によって、

・オフィスの縮小、移転
　↓急な転勤が増えたり、家賃手当がなくなる
・残業の定義が曖昧になる
　↓在宅となり残業しても、残業代が支払われない

・飲み会の減少で、上司へのアピールチャンスが減る
↓数字成果のみ求められて、社内調整力など数字で測れない成果が認められない
・会議や上司の承認プロセスの見直し
↓人員整理の増加
・週休3日制や副業の解禁
↓給与の削減

などなど、サラリーマンにとって、これまでの当たり前が、大きく変わってしまいます。

この変化によって、これまでとは出世するタイプが変わることは想像に容易《たやす》いですね。

企業は経済的合理性だけを追求してくるので、コミュニケーション能力の高い人から、管理能力の高い人へ出世対象は変わることでしょう。


また、企業としては、出社しなくても良いテレワークにかこつけて、給与カットもありえます。

そして、実際の業績は置いておいて、コロナの責任にしてボーナスカットや人員整理を行う企業も出てきています（※執筆している2020年11月現在でも、大手企業で給与カットや人員整理の話は出てきています。給与体系が変わる企業はもちろん、今まで安心だと

思われていた士師業でも厳しい状況です）。

会社の給与に依存している生活では、この先非常に不安定になることが想像できます。今までの「安定した給与」という常識が崩れ去り、「不安定な給与」が常識となります。給与だけならまだしも、「不安定な雇用形態」も常識となるでしょう。

給与体系に敏感になり、リストラに怯えながら次の会社を探すような日々は、今までにないストレスになるはずです。


一方、私の周りでは、このような状況下でも、日々を楽しく過ごしている人がたくさんいます。彼らはホームパーティを開いて豪華なケータリングを注文したり、料理人の派遣を頼んだりしています。家に籠《こ》もらないといけないと分かれば、自宅にＤＪの機材を揃えて音楽を楽しんだり、ソーシャルディスタンスを守るために大きなＳＵＶの車を買ったりします。旅行が解禁されれば、旅先で大いに贅沢をします。

この状況下でも、大いに人生を謳歌しているわけです。彼らには、将来に対する不安やストレスは全くありません。


両者の違いは何なのでしょうか？

ズバリ、正解は「不労所得」です。

今を謳歌している彼らは不労所得を得ています。こんな状況下でも、どんどん資産が勝手に増えています。

結論、**「不労所得＝ストック収入」があれば、どんなに困難な社会情勢においても、人生を楽しむことができます。**

自己紹介が遅れました。horishinです。

私は不動産投資を開始してから3年で脱サラに成功し、現在は不労所得生活をしています。
・人
・空間
・時間
を選択でき、ストレスフリーな生活を送ることができたのも、すべては不動産投資のおかげです。

これからの時代は、自分の軸をもち、自分で動ける人が生き残ります。

本書では、これからの時代を謳歌できるためのノウハウを詰め込んでいます。併せて、私がどのような人間で、どのように不動産投資を始めたのかについて、余すことなくお話していきます。

通常の不動産投資本では、「立地が大切」「空室リスク」「家賃下落リスク」などなど、必要な知識が解説されています。これらは知識としては必要かもしれませんが、ネットで検索すれば、すぐに分かることです。

そのような内容を、この書籍で解説していこうとは全く思っていません。

「私なら何を伝えられるか」と考えたときに、「私の失敗談も含めて、他にはない着眼点や考えを伝え、本書を通じて一人でも多くの人の役に立ち、たくさんの人を幸せにしたい」と思い、文章にするに至りました。

ぜひ、この本を楽しみながら、人生の一つの指針として使ってもらえたら幸いです。

◆サラリーマンだから自由になれる

会社に掛かってきた営業電話で、区分不動産投資を2014年8月よりスタートしました。

2015年7月より一棟不動産投資へシフトし、2020年10月現在、8棟107戸+区分14戸＝計121戸の物件（家賃年収8800万円。約11億円の資産）を所有するに至りました。

現在でもどんどん投資しています。執筆中も一棟の審査中です。

さらに、不動産で得た収入を基に、多方面へ出資。

株、ヘッジファンド、仮想通貨、事業会社、店舗、などなど……。

これらの収入を合わせると、毎月のＣＦ（キャッシュフロー）は、４５０万円を軽く超えます。

今では、好きな仲間と、好きなビジネスを展開しながら、日々を楽しんでいます。

でも、不動産投資に出会うまでは、ザ・サラリーマンでした（いわゆる社畜）。そんな私でも、不動産投資との出会いがキッカケとなり、わずか数年で自由を謳歌できるようになったわけです。

もしあなたが、会社に依存する奴隷人生を脱出したいと願うなら、「サラリーマンという属性と行動力」が、それを可能にします。

学歴や才能なんて必要ありません。

「サラリーマンという属性」をフルに活用すれば、あなたの「自由」と「幸せ」を手に入れられるのです。

本書では、そんなあなたのために、私が知っている限りの情報を詰め込みました。本書を通じて、「あなた」に、自由と幸せへのきっかけを与えられたのなら、これほど嬉しいことはありません。

さあ、自由と幸せへの旅が始まります。

２０２０年11月吉日

horishin

※別著『サラリーマンはラクをしろ！』にて不労所得を得るまでの具体的なロードマップを書いています。不労所得のイロハから知りたい方はぜひ読んでみてください。

※本書では、あえて私の保有している物件の写真や住所など詳細は載せていません。自身の保有物件を不特定多数の方に公開することには反対です。所有物件を見せるということは大家として、人として私の物件に住んでいただいている居住者のプライバシーや心持ちを侵害します。居住者あっての不動産投資です。お客様は神様ですからね。自分が住んでいる家が本に公開されて、しかも安くリフォームしたと言われて嬉しい人は少ないですよね。

もちろん、私の仲間のように信頼できる人には公開しています。

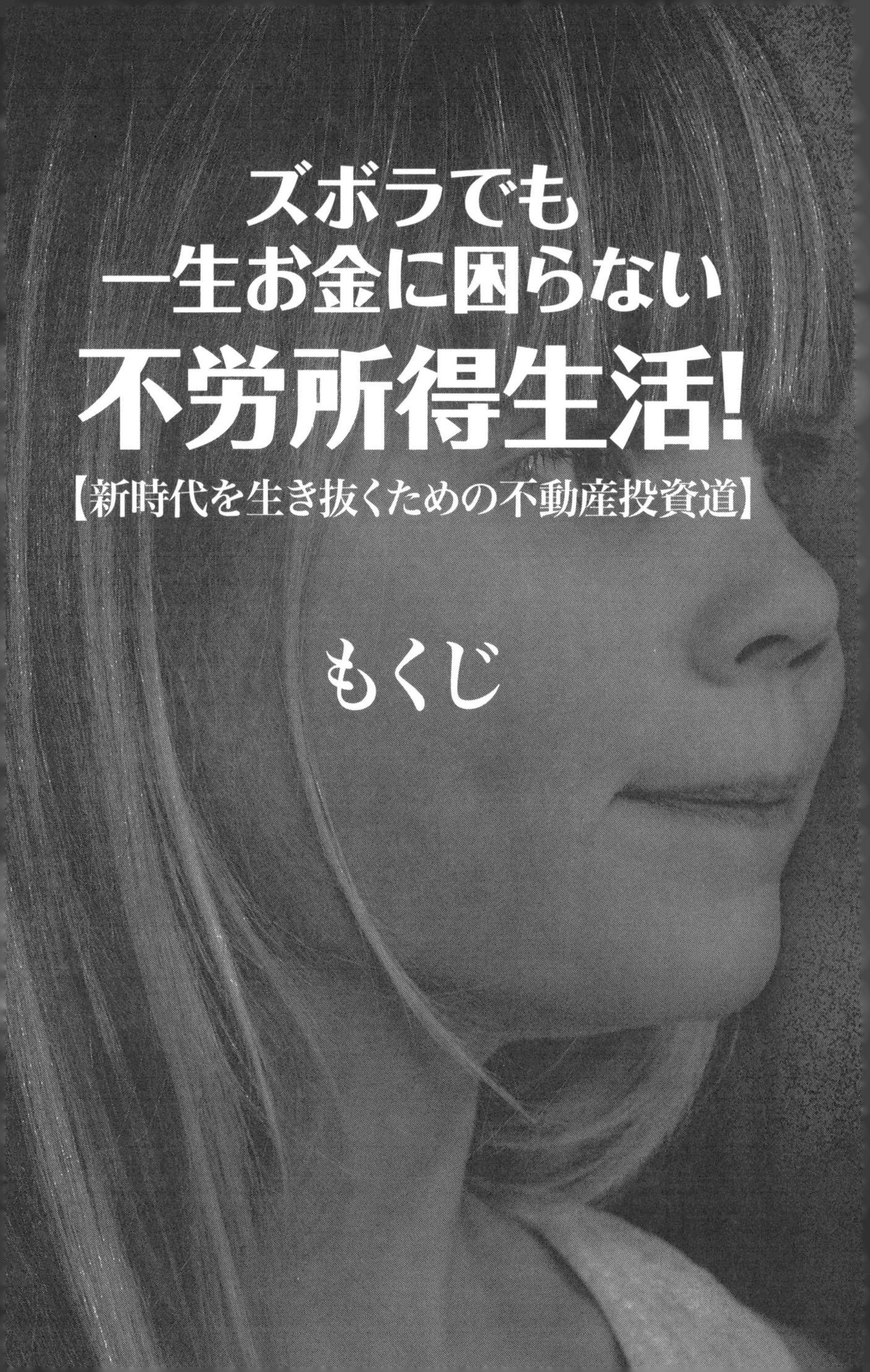
ズボラでも
一生お金に困らない
不労所得生活!
【新時代を生き抜くための不動産投資道】
もくじ

はじめに　3

第1章 不労所得家horishin誕生秘話

1. 大学受験での挫折と後悔　20
2. 大学で路頭に迷うも、一筋の光明を見い出す　24
3. 弁理士試験に合格するも、社畜生活にうんざり　27
4. 不動産投資家 horishin の誕生　30
5. ○ルガ銀行から融資&某シェアハウス購入するも、奇跡の生還　34

第2章 ズボラなあなたが不労所得を作りたいのなら不動産投資一択！

1. 不労所得度で見たら不動産一択！　42
2. サラリーマンであれば貯金0でも可能　50
3. 不動産投資をすれば無駄な出費がなくなる　53

4. 焦らなくても大丈夫! 一休み一休み! 57
5. 家で寝ながら、旅行先で遊びながらお金を稼ぐ 59
6. ブルーオーシャン! 他の投資に対してライバルが弱すぎる 61

第3章 horishin流「ズボラ」不動産投資術

1. 物件は、買えれば何でもいい!? 68
2. 持ってるだけで丸儲け 72
3. 一期一会を大切にする 78
4. 不動産投資には順番がある 80
5. 不動産投資をしていればチャンスを見逃さない! 85

第4章 horishin流「ズボラ」不動産管理術

1. LINEと電話だけで何でもできる 92

2. 管理会社の立場になって考えて、行動する 95
3. それでも、物件を愛そう〜物件を褒めて長所を伸ばす〜 99
4. 一棟オーナーは、プロパンガスの導入を検討しろ！ 105
5. 物件名を改名すれば、運気が上がる 108
6. 物件の維持・管理には、できるだけ費用をかけない！ 112
7. ニーズに合わせて、時には大胆に変更する 116

第5章 horishin流 世間で広めてほしくはない節税・手残りアップ術

1. 不動産投資の本質は、節税ではないことをまずは知る！ 124
2. 償却期間は長くしても問題ない！ 132
3. 個人で家賃収入が増えてきたら資産管理法人を活用する！ 136
4. 空室が心配なら法人契約物件を買え！ 140
5. ある戦略を繰り返し実行すれば、家賃下落を回避しつつ、収支もアップする！ 143

第6章 horishin流　不労所得のためのマインドを公開

1．人の夢は終わらない！ 寝る前の新習慣「皮算用」　150
2．家族に相談するな！ 相談相手は選択しろ！　154
3．労働は美徳という考えを捨てる　160
4．変われない自分を責めない　172
5．夢を一緒に見て、そして語り合う仲間をつくる　180

第7章 コロナでもラクして稼ぐ！ horishinによって人生変わった愉快な仲間たち

一人目：既婚者なのに女子社員にモテまくり　ソニー太朗氏（42歳）奈良県在住　186
二人目：クラブDJ！ VIP席でウハウハ　佐々木氏（55歳）福岡県在住　190
三人目：31歳で不労所得年収1億円　194

四人目：エステにはまってオーナーに
ミスターR氏　東京都在住
197
ビューティー大家氏（年齢ヒミツ）東京都在住
五人目：コロナショックで給与激減でも充実一途
201
ブラックジャック氏（33歳）神奈川県在住
あとがき ～仲間をつくるのが使命
204

カバーデザイン▼EBranch 冨澤 崇
図版作成▼原 一孝
イラスト▼堀江篤史
レイアウト▼Bird's Eye

第1章

不労所得家 horishin誕生秘話

horishinさん、僕は充実した楽しい不労所得生活を実現したいです。でも、どうせ僕なんかには無理ですよね？　お金もコネも、頭も良くないし。

不労所得は、お金持ちや一部の人しか得られないと思っているのかな？

だってそうですよ。僕の会社の中には、不労所得があるから会社の出世なんてどうでもいいや！なんて言う人は見たことも聞いたこともないですよ。不労所得なんて、まやかしなんですよ！　信じるとイタイ目に遭うんです。

ははは！　楽太郎くんは、不労所得が特別な人にだけ与えられた権利で、世の中には無いと思っているね。大丈夫！　誰でも不労所得は作れるから！

そんなこと言って、僕を騙そうとしていますよね？ horishin さんは生まれながらにお金持ちか、頭がすこぶる良かったんじゃないんですか？

そんなことないよ！ 普通よりちょっと貧しい家だったし、大学受験も失敗してるからね。高校時代の偏差値は中程度だったしね。予備校時代の仲間に京都大学行ったやつもいたけど、誰一人不労所得生活者はいないよ！ 言ったでしょ！ 家柄も学歴も、不労所得には一切関係無いんだから！

horishin さんが失敗してたなんて、意外でした。むしろ学歴だけなら、僕のほうがちょこっと良いかもです！

おいおい笑。 では、私がどのように不労所得生活になったのかをお話しするね！

1 大学受験での挫折と後悔

不動産投資に出会うまでの私。

そう、私は、ザ・サラリーマンでした（いわゆる社畜）。

社畜生活について山ほど聞いてもらいたいことがありますが、その前に、私の人生最初の挫折である「大学受験の挫折」から知っていただこうと思います。


人生ですから、誰しも失敗はありますよね。私の数ある大きな失敗の中で、最初に経験したのは「大学受験」でした。

私が心底行きたかった大学は、京都大学工学部物理工学科。

なぜ行きたかったのか？　そこに、自分の研究したい分野で有名な先生がいるから？

いいえ、違います。単なる「憧れ」です。


ただ、分野については、明確な志望がありました。昔から宇宙が好きで、小学生の頃から雑誌『Newton（ニュートン）』を読んでいました。

漫画『宇宙兄弟』の南波兄弟ほどではありませんが、ニュートンを通じて宇宙を身近に感じるようになり、宇宙に関する職に就きたいと考えるようになったのです。

小学校、中学校、高校と進学してもその夢はずっと変わらず、大学受験の頃には「航空宇宙工学」を志望するに至りました。

私は和歌山出身で、貧乏ではないものの裕福ではない家庭で育ったため、当然のように関西の大学を志望します。

関西の大学で、明確に航空宇宙工学を学べるのは2つの大学のみでした。先ほどの京都大学と、大阪府立大学工学部航空宇宙工学科です。

ここまで進学分野が明確だったのに、私は高校三年生の秋まで、ほぼ勉強せずに過ごしていました。

何で勉強しなかったのか？　正直、分かりません。親の前では勉強しているフリをしつつ、マンガ読んだり、ゲームしてばかり。

でも、模試の成績は正直なもので、偏差値は中程度と志望校には届かず。それでも、「なんとかなるじゃん？」と、タカをくっていました。

いわゆる、「根拠なき自信」ですよね笑。今の私が当時の自分になれるなら、必死で勉強していたと思います。

話は変わりますが、人は誰しも「自分は特別。どうにかなる」と、無意識に思っているらしいです。これを読んだあなたは、「自分はそんなことはない」と言うかもしれません。ところが、心理学の実験を通して人間を見てみると、どんな人も「自分は特別」だという結果になってしまうようです。

実験の内容はここでは割愛しますが、当時の私を振り返ってみると、「自分は特別」と思っていたことは間違いなさそうです（今もそうかもしれませんが笑）。

ともあれ、私に高校3年生の秋頃に、親から「このまま受験しても、絶対志望校には受からない。私立は絶対ダメ。今のままノホホンと受験して失敗しても、浪人もさせない」と言われ、お尻に火が付きます笑。

そこからセンター試験までの約2ヶ月半、必死に勉強しました。結果、センター試験は「640／800」と、比較的高点数を取ることができました。

が、予想通り、二次試験は……。

親は、この2ヶ月余りの私の頑張りを見て、1年だけ浪人を許してくれました。

浪人生活では、これまでの遅れを取り戻そうと、とにかく必死でした。予備校の授業を真剣に聴いて、終電まで自習室で勉強していました。

秋頃から成績は格段に上がり、模試でも京都大学でA判定を取るレベルになっていました。

が、私以外の同級生が全員合格する中で、前期後期共に、京都大学は……。結局、中期の大阪府立大学工学部エネルギー機械工学科に入学となったのです。

ここで、「?」となった方も多いと思います。

私が行きたったのは「航空宇宙工学科」。でも、入学したのは「エネルギー機械工学科」。そうです。大阪府立大学でも「航空宇宙工学科」には届かず、受験時に第二志望で記入した「エネルギー機械工学科」に入学となったのです。

受験前の私の成績では、大阪府立大学は滑り止め程度としか思っていなかったので、相当ショックでした。しかも、私と一緒に勉強していたメンバーは、私を除いて全員、京都大学に合格。

これはもう、挫折としか言いようがありませんでした。「自分の頑張りは何だったんだ?」と。「高校1年生から勉強すべきだった」と後悔しても、後の祭りですよね。

挫折と後悔の念と共に、新しいキャンパスライフが始まりました。

2

大学で路頭に迷うも、一筋の光明を見い出す

正直、大学の授業は、「つまんない」の一言。分野は似ていても、元々行きたくない大学での、さらに行きたくない学科。

大学の授業はほとんどサボって、まじめそうな同級生を見つけては、試験前にノートを見せてもらい、単位だけは取得していた感じです。

大学で受けている授業の延長線上にある将来に、全く魅力を感じていませんでした。

自分の将来の現実を見たくなかったのか、大学ではブレイクダンスにハマっていました。そう、アクロバットな技が多い、クルクル回るアレです。大学の仲間や、地元の仲間と、深夜まで練習していたのをよく覚えています。

ロクに授業も受けずに、ブレイクダンスに没頭していた毎日。そのまま、ロクでもない

大学生活が続きましたが、3回生（3年生）で転機が訪れます。

特別授業ということで、メーカーに在籍する研究者の方が大学で講義をしてくれたのです。有名な発明家で、特許出願を何百件もしている人でした。

そこで「知的財産」の重要性を知り、知的財産の専門家である「弁理士（理系の弁護士と言われる資格）」という職業を知りました。

ちょうど、小泉内閣が「知的財産立国」を宣言した直後だったと思います。資源の少ない日本で、特許などの知的財産が重視されつつある頃でした。

そのときは、弁理士という職業にぼんやりと魅力を感じる程度でしたが、大学院受験（4回生夏）の頃には、自分の職業として「弁理士になる」という決意は固くなっていました。

弁理士試験の難易度はかなり高く、合格率は6％程度。しかも、受験者層は高学歴ばかり（もちろん京都大学出身者もたくさんいます笑）。

当然、合格には相応の覚悟と労力が必要となります。怠け者の私は、自分を追い込むように背水の陣を敷きました。

入学金や授業料など、大学院にかかる費用は自分が払うという約束の下、親から大学院進学を許してもらい、M1（大学院1年生）で主要な研究を終え、M1の後半から本格的に弁理士の学習を始めたのです。

大学院進学の理由は、弁理士試験の選択科目が免除されるから。ただ、そのためだけの理由で、大学院に進学しました。


弁理士を学習する傍《かたわ》ら、大学院と（弁理士学習のための）予備校の学費を稼ぐ必要があったため、当時は家庭教師をメチャクチャしていましたね。

結構好評で、個人で家庭教師をしていたのですが、評判が評判を呼んで、その件数、なんと週に13件！　人に教えるのが好きだったのでハマったんですね（今でも不動産投資教えていますしね）。

月曜日～土曜日は1日2件で（18～20時、20時15分～22時15分の2件）、日曜日だけ1件でした。

各ご家庭で、途中でケーキとか甘いモノが出るので、毎日2個ずつケーキを食べていました。結果、みるみる脂肪が笑。


少し脱線しましたが、弁理士受験勉強では大手の予備校に通い、個別にゼミ学習にも参加。が、M2での初受験では、短答式試験（一次試験）は合格するものの、論文式試験（二次試験）で不合格。

不合格は辛かったですが、弁理士になる決意は、より強固になりました。

一方で、既得権益にまみれた弁理士の従来業務は将来性に疑問があったので、知的財産分野で先進的な仕事をしたいと思い、大手シンクタンクに入社しました。シンクタンクとは、政治、経済、科学技術など、幅広い分野にわたる課題や事象を対象とした調査・研究を行い、結果を発表したり解決策を提示したりする研究機関のことです。

3 弁理士試験に合格するも、社畜生活にうんざり

当時の志望先企業には、社内ベンチャー制度で立ち上がった知的財産専門のサービス部隊があり、就職活動で「ここで働きたい！」と思い、念願の就職を果たしました。

もちろん、就職後も弁理士の学習を継続し、社会人1年目は論文式試験に合格するものの、口述試験で不合格。社会人2年目で口述試験に合格し、やっとのこと弁理士への仲間

入りを果たしました。

思えば、この頃が人生で一番学習していたと思います。ご存知の方もいるかもしれませんが、シンクタンクの業務は相当ハードです。その上で、弁理士試験の学習を継続するのは、筆舌に尽くしがたいほどでした。

その頃の睡眠時間は、毎日3時間ほど。土日も仕事をしつつ、起きている時間は、全て弁理士学習に充てていた感じです。ちなみに、中小企業診断士の資格も保有していますが、弁理士と比較して学習が楽だったので、ストレートで一発合格しました。

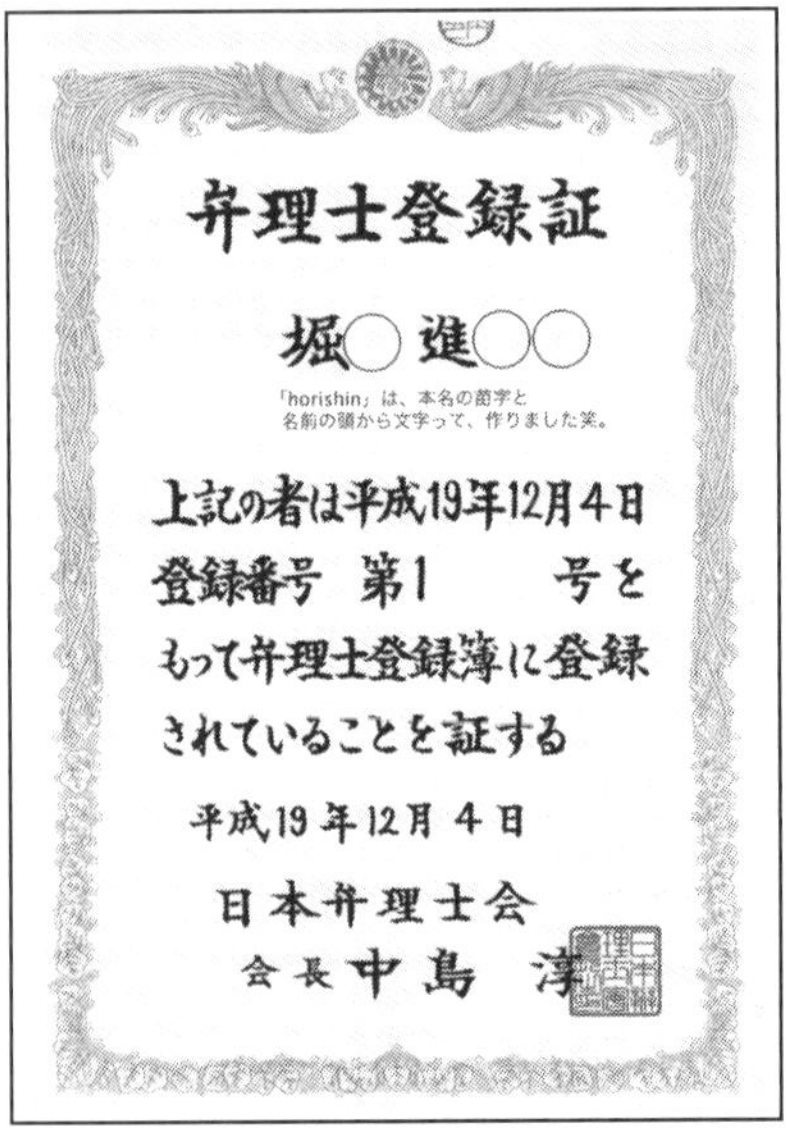
弁理士登録証
堀○ 進○○
「horishin」は、本名の苗字と名前の頭から文字って、作りました笑。
上記の者は平成19年12月4日
登録番号 第1　号を
もって弁理士登録簿に登録
されていることを証する
平成19年12月4日
日本弁理士会
会長 中島 淳

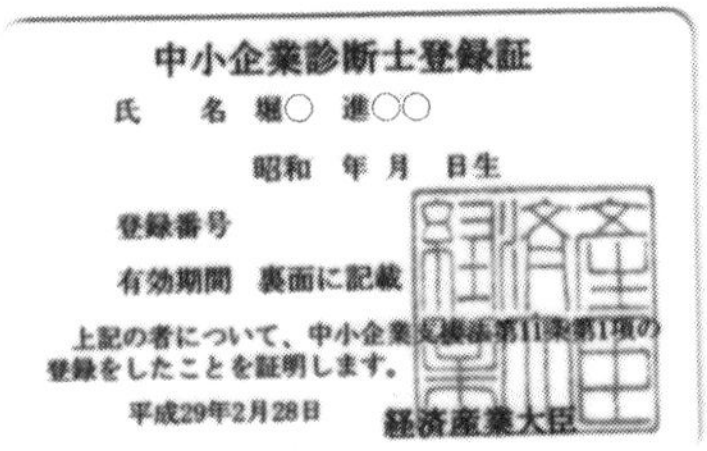
中小企業診断士登録証
氏　名 堀○ 進○○
昭和 年 月 日生
登録番号
有効期間 裏面に記載
上記の者について、中小企業支援法第11条第1項の登録をしたことを証明します。
平成29年2月28日
経済産業大臣

晴れて弁理士になった私でしたが、現実は何も変わりませんでした。変わったことと言えば、名刺に「弁理士」の肩書が付いただけ。

日々の仕事もどんどん多忙になり、土日も仕事漬け。日に日に精神のバランスを崩し始めました。ぶっちゃけ、仕事が辛く、会社に行けなかったことも何度かあります。

社畜で疲れ切っていた頃のhorishin
目が死んでいますよね(苦笑)

キャリアアップのために転職も何度かしましたが、転職後の会社でも、同じことが続く毎日。

来る日も来る日も、馬車馬のように働いて、家に帰るのは深夜。

次の日が来れば、また同じことの繰り返し。

全てを会社に委ねて、会社や上司に管理される日々。

まさに、そんな生活の繰り返しでした。

この本を手にとって読んでいるあなたは、どんな毎日を過ごしていますか？

当時の私と同じような社畜の生活。それとも、正反対の、毎日がイキイキと輝き、自分の思うように日々を過ごしている生活。

この本を読んでいるということは、おそらく前者の方が多いのではないでしょうか？少なくとも私はそうでしたし、「こんなことを定年までずっと続けるのか。自分の人生を思いっきり楽しみたい！」との想いが強くなる一方、延々と続く社畜生活にうんざりし始めていました。

そんな日々を過ごす中、会社に掛かってきた一本の営業電話で、不動産投資と出会ったのです。

4
不動産投資家horishinの誕生

会社に営業電話をしてきた不動産会社の営業マンは20代後半でしたが、次長の役職に就いている青年でした。

会社には不動産投資の勧誘電話がよくかかってきていたので、正直、不動産投資に対して良いイメージを持っていませんでした。なので、ちょうど仕事が早く終わったこともあり、軽い気持ちで会ったのを覚えています。

が、その営業マンは、何故か不動産の話を全くしませんでした。

ヤキモキして、私から話を切り出すと、少し話をしてくれるレベル。何度か会って話をしても、けっして不動産の話をしてくれませんでした。

そして、3ヶ月経過した頃、その営業マンから電話がかかってきて、「horishin さん、良い物件が出ましたので、ご紹介させてください」と、言われたのです。

会って話を聞いてみると、

「今まで提案してこなかったのは、当時会社が売り出していた物件の中に自分が良いと思えるものがなかったから。自分がこれだ!と思った物件を、horishin さんに購入してもらいたかった」

とのこと。

そして私は、購入すれば今の現状から少しは変わるような気がしたので、迷わずその場で購入を決め、晴れて1件目を保有するに至ったのです。

1件目で不動産投資の魅力を知った私は、2ヶ月後に2件目、6ヶ月経過する頃には、5件まで買い進めていました。

その過程で、これまでサラリーマンの人脈しか無かった私が、色んな人と出会うようになり、あるご縁がキッカケで、不動産投資で成功している人に出会います。

その人の成功ストーリーを参考に、一棟物件へシフトしていきました。そこから、怒涛の買い増しをスタートさせ、毎月ほぼ1棟ずつ買い増ししていきました。結果、1棟目の購入から7ヶ月経過する頃には、計7棟まで買い進めることができました（2020年10月現在では、区分14戸＋一棟107戸＝121部屋）。

当時、よく周りの友人や知人から、「よくそんなに大きな意思決定を続けられるね。疲れないの？」と聞かれたのを覚えています。

そういった質問には、私は決まって、

「収入は覚悟の大きさに比例する。社畜生活から自分の人生を変えたいのに、疲れている暇はない」

と回答していました（今でもそうです）。

漫画『宇宙兄弟』の南波六太も、こう言っています。

――俺の敵は、だいたい俺です。自分の〝宇宙に行きたい〟っていう夢をさんざん邪魔して足を引っ張り続けたのは結局、俺でした。他に敵はいません。

社畜から脱して今の自分を変えたいのに、その足を引っ張り続けるのは、結局「自分」なんです。六太が言うように、他に敵はいません。

今までと違うことを継続するからこそ、人生が変わっていきます。

これをする！と決めたのなら、後悔なんて恐れず行動し続けていく。その先に、あなたの明るい未来が待っていることでしょう。

と、それっぽいことを話しましたが、当時の私の不動産投資道は、完全に成功したわけではありませんでした。

5 ○ルガ銀行から融資&某シェアハウス購入するも、奇跡の生還

2018年初旬頃から、新聞やメディアを賑わせている○ルガ銀行や、女性向けシェアハウスをご存知でしょうか?

私が購入した一棟物件のうち6棟は、○ルガ銀行から融資を受けています(融資総額7億円弱)。金利は高く3.5~4.5%。さらに、その6棟うち1棟は、○マートデイズが販売していた女性向けシェアハウスでした。

horishinが保有する
旧○マートデイズの物件(外観)

これだけ聞くと、「horishinさんヤバいんじゃないの?」と言う方もいらっしゃると思います。事実、私がシェアハウスを保有しているのを知っている友人

horishinが保有する
旧○マートデイズの物件(部屋)

からは「horishinさん、大丈夫ですか?」と、心配してLINEをくれたりしていました。

結論から言うと、この事件があったおかげで、全体の家賃手取り(CF:キャッシュフロー)がかなり向上しました。

具体的には、金利が大きく下がったのです。シェアハウスの金利は、3.5%⇒1.0%。残りの一棟物件の金利は、4.5%⇒2.0%。

金利4.5%でもCFが出る物件を購入していたので、もうウハウハです笑。

もちろん、それなりの苦労もありましたが、とにかく考えました。管理手法もさらに磨きがかかりました。その行動のおかげで、逆境のなかCF向上を実現したのです。

敢えて言いますが、○ルガ銀行は悪い銀行ではありません。むしろ、良い銀行じゃないか?と思うほどですね。

２　０　２　０　年　８　月　分　レ　ン　ト　ロ　ー　ル

[redacted]

株式会社[redacted]
東京都[redacted]
TEL:03-[redacted]　FAX:03-[redacted]

号室	入居期間	入居状況	[redacted]
101	2020/02/20～2021/02/17	入居中	
102	2019/05/08～2021/05/07	入居中	
103	2019/10/01～2021/03/30	入居中	
104	2020/01/01～2020/12/31	入居中	
105	2019/09/24～2020/09/23	入居中	
106	2020/6/29～2021/6/27	入居中	
107	2020/02/14～2021/02/11	入居中	
108	2019/04/21～2021/04/20	入居中	
201	2020/01/01～2020/12/31	入居中	
202	2020/01/25～2021/01/24	入居中	
203	2020/06/10～2021/06/08	入居中	
204	2019/11/01～2020/10/31	入居中	
205	2020/01/01～2020/12/31	入居中	
206	2020/03/02～2021/02/28	入居中	
207	2020/02/20～2021/02/17	入居中	
208	2019/09/22～2020/09/21	入居中	
	空室率	0　%	

「かぼちゃの馬車」から物件名を変更して一般賃貸に出し、今では16部屋すべてが満室！　法人の社宅として利用されている部屋もある。

○ルガ銀行のおかげで、多くの不動産投資家が生まれたのも事実ですし、○ルガ銀行がいたからこそ、他の銀行も不動産融資に積極的になりました。

某シェアハウスのオーナーの中には、○ルガ銀行を相手に集団訴訟を提起している方もいらっしゃいますが、個人的にはオススメしません。

自分がオイシイと思って投資したはずです。ぶっちゃけ、私もそうでした。投資の原則は「自己責任」です。

その世界の中で、銀行を悪者にして責め立てても、事態は好転するでしょうか？　私は、そうは思いません。

要は、使い方です。○ルガ銀行であろうが、他の金融機関であろうが、その特性を見極めて、前向きにうまく利用していけばいいのです。

都市伝説的に「○ルガ銀行から融資を受けると、他の銀行から融資を受けられない」と、よく聞きます。

が、これもウソです。それを証拠に、私は他の地銀から低金利で融資を受け、２０１９年3月に、8棟目の引き渡しを受けました。私の仲間も普通に融資を受けています。

２０２０年には7戸さらに物件を購入しました。コロナ禍の状態でも、どんどん買っています。最近は地方都市のワンルームマンションを購入しています。理由としてはＣＦだけではなく、手堅い投資先をポートフォリオに加えて、より底堅くするためです。経済が不安定な今だからこそ、手堅くですね。

ネットやＳＮＳでは、色んな情報が玉石混合《ぎょくせきこんこう》で溢れかえっています。溢れる情報から「玉」となる情報を見極め、生かすも殺すもあなた次第です。

でも、それには多大な時間と労力が必要となるのも事実。途方に暮れるあなたに、ひとつアドバイスをしましょう。

成功への最短経路は、成功者を真似ること。

師と思える人の出会いは、人生の宝です。あなたが行動した結果、「この人すごい！」「この人のようになりたい！」と思った人に出会えたなら、あなたはその人のやり方を徹底的に学ぶべきです（この手法は「モデリング」と言われています）。

その際に大切なことは「謙虚さ」と「素直さ」です。この2つがないと、成功者を真似ていくのは到底できないからです。

私も徹底しましたし、だからこそ、今の自分があると思っています。

成功へのカギは、成功者に隠れています。

第2章

ズボラなあなたが不労所得を作りたいのなら不動産投資一択！

楽太郎

horishinさんの話を聞いていたら、僕でも不労所得生活ができると思いました！　でも、世の中には数多くの投資があるじゃないですか！　どれが一番、ラクに成功するのか分からなくて悩んでいます。

horishin

不動産以外にも、株やFX、はたまたアフィリエイトや転売、仮想通貨なんてのもあるからね！

楽太郎

正直言って、一番手っ取り早くお金が増えそうなのは株ですかね？　勝つ手法さえ覚えれば、一気に数倍とかに増えますからね！　先日、その手法を教える勉強会に参加したんです。そうしたら、入会金30万円で教えてくれるコミュニティがあると誘われたんです。horishinさんはどう思いますか？

horishin

楽太郎くんは、「三方良し」という言葉は知っているかな？

楽太郎

なんとなく知っていますよ！　自分と売り手と……あとは……。誰でしたっけ？

horishin

近江商人の言葉だよね！「売り手良し」「買い手良し」「世間良し」の3つの「良し」だよね。これを株のコミュニティで当てはめてごらんよ！

楽太郎

売り手はコミュニティの運営元で、買い手は自分で、世間は…特に良くはならないですね。

horishin

そういうこと！　投資でも長く続くものを選ばないと、不労所得生活にはならないよね。長く続くということは、社会貢献もできてるということだよね！　そうすると、必然的に絞られるよね！

1 不労所得度で見たら不動産一択！

中小企業診断士でもある私が、診断士の観点から不労所得についてお話します。

不労というからには、「働かない＝体も頭も動かさない」と定義します。働かずに所得が入るのですから、サラリーマンは通常定年まで働くと仮定すると、最低でも数年から数十年は所得が入り続けるものが、不労所得となりうるのではないでしょうか。

世の中には、様々な不労所得がありますが、基準がありません。そこで、単位（基準）を定義しました。

その単位が「不労所得度」です。「不労所得度＝再現性×工数×リターン」の公式で、導き出されます。

不労所得度という尺度が分かれば、不労所得を明確に捉えることができます。特に、ネット上の怪しい不労所得を得る方法なんかは、不労所得なんかじゃない！と、分かっていただけると思います。

では、さっそく解説していきましょう。分かりやすいように、世間でよく不労所得と言われる12種類の方法を、具体例として説明します。

・銀行預金での金利
・国債の金利
・不動産投資によるインカムゲイン
・株式投資による配当
・株式投資のキャピタルゲイン
・FXのキャピタルゲイン
・投資信託のキャピタルゲイン
・先物取引のキャピタルゲイン
・仮想通貨のキャピタルゲイン
・YouTubeによる広告収入
・ブログの広告収入（アフィリエイト）
・転売収入

◆再現性という観点

再現性とは、ある事象がテーマとなったときに、それを成り立たせていると考えられる要素や要因に還元したときに、同じ要素や要因を条件として整えたときに、再びまったく同じ事象が起こる性質を備えていること（引用元：Wikipedia）。

簡単に言うと、「誰がいつやっても同じ現象が起こる」ということです。この再現性は非常に大切なので、頭に叩き込んでください。再現性が低い不労所得の方法をいくら実践しても、宝くじを当てるのと一緒になってしまいますから。

再現性には、

・時間
・人

という2つの軸があります。

時間軸について具体的に言うと、「今ブームのアーティストのCDを転売」のように、ブームの間はプレミアが付いて高値ですが、ブームが過ぎると通常の値段に戻るようなものが

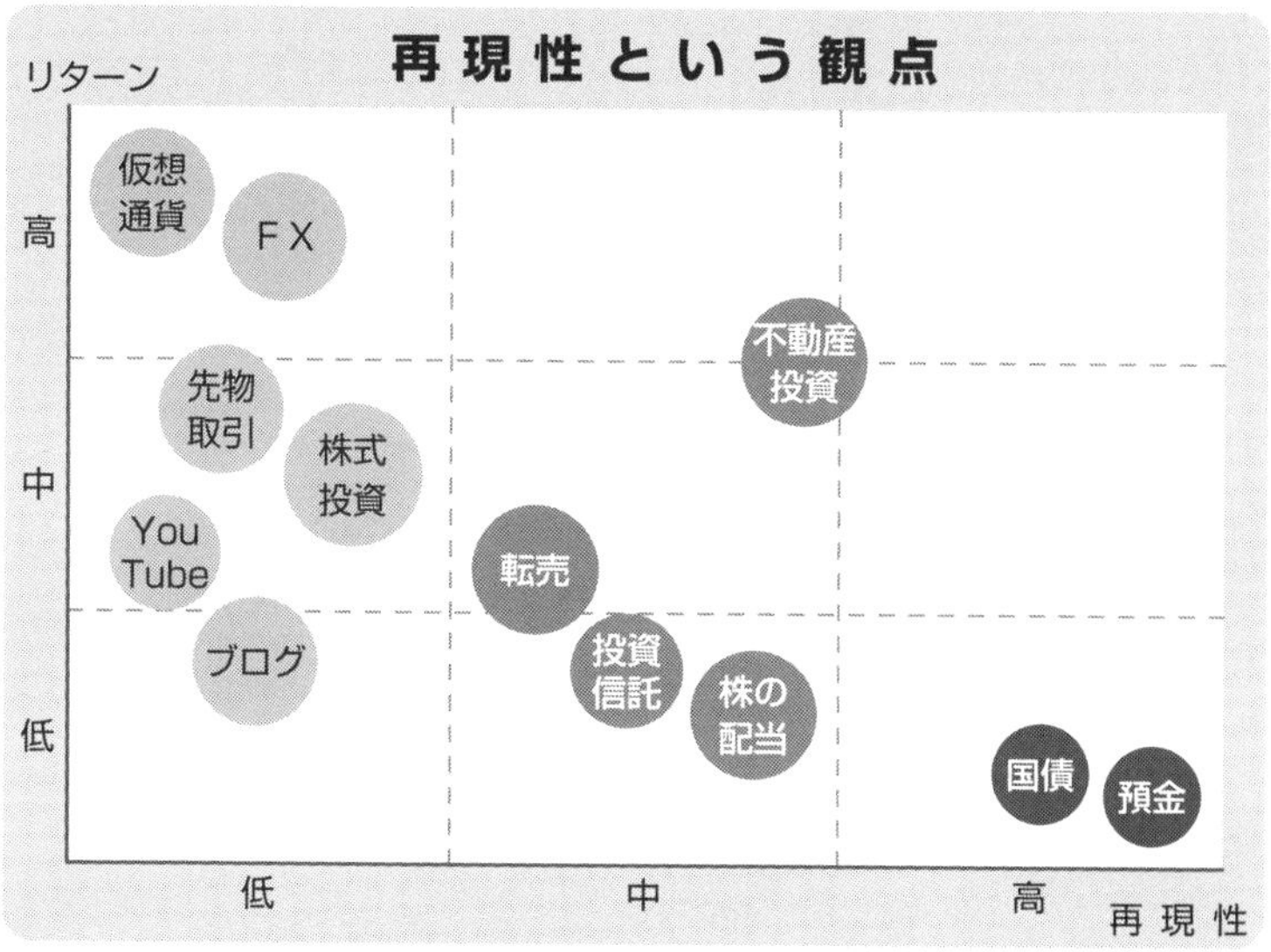

あります。株のトレードも同じですね。同じ銘柄を1時間の差で購入しても同じ価格とは限りません。仮想通貨のように、先行者に有利だったという事例もあります。

特にFXは、1秒の差が利益に大きく関係する不労所得なので、時間軸における再現性は低いと言わざるを得ません。

だから、「FX自動売買ツールで稼ぐ方法」「バイナリーオプションで稼ぐ」「アービトラージシステムで稼ぐ」などの方法が上手くいかないのは、お分かりいただけると思います。

また、ブログやYouTubeなどは、その人のキャラクターやブランディングが影響するので、人によって再現性が異なります。つまり、「人軸による再現性がない」ということになります。

向いている（センスがある）人にとっては簡単に稼げる方法かもしれませんが、向いていない人がどれだけ努力しても、稼ぐのは至難の技です。

このような観点から、「YouTubeで稼ぐ」「Twitterで稼ぐ」など、人軸の情報商材などを購入して試したとしても、そのほとんどの人がうまくいかなかった……となるのです。

再現性が低い不労所得の方法を実践したとしても、再現性が無いわけですから、不労所得になるはずもありません。時間軸の不労所得については「時の波」に乗らないと稼ぐことは難しく、人軸の不労所得についてはトライしてみないと分からないケースがほとんどです。何年も実践したけど全然稼げなかった……なんて、最悪ですよね。

◆工数という観点

再現性と同じくらい大切な観点が「工数」です。

不労所得の手段は前の図と同じですが、横軸を再現性から工数に変えると、不労所得の

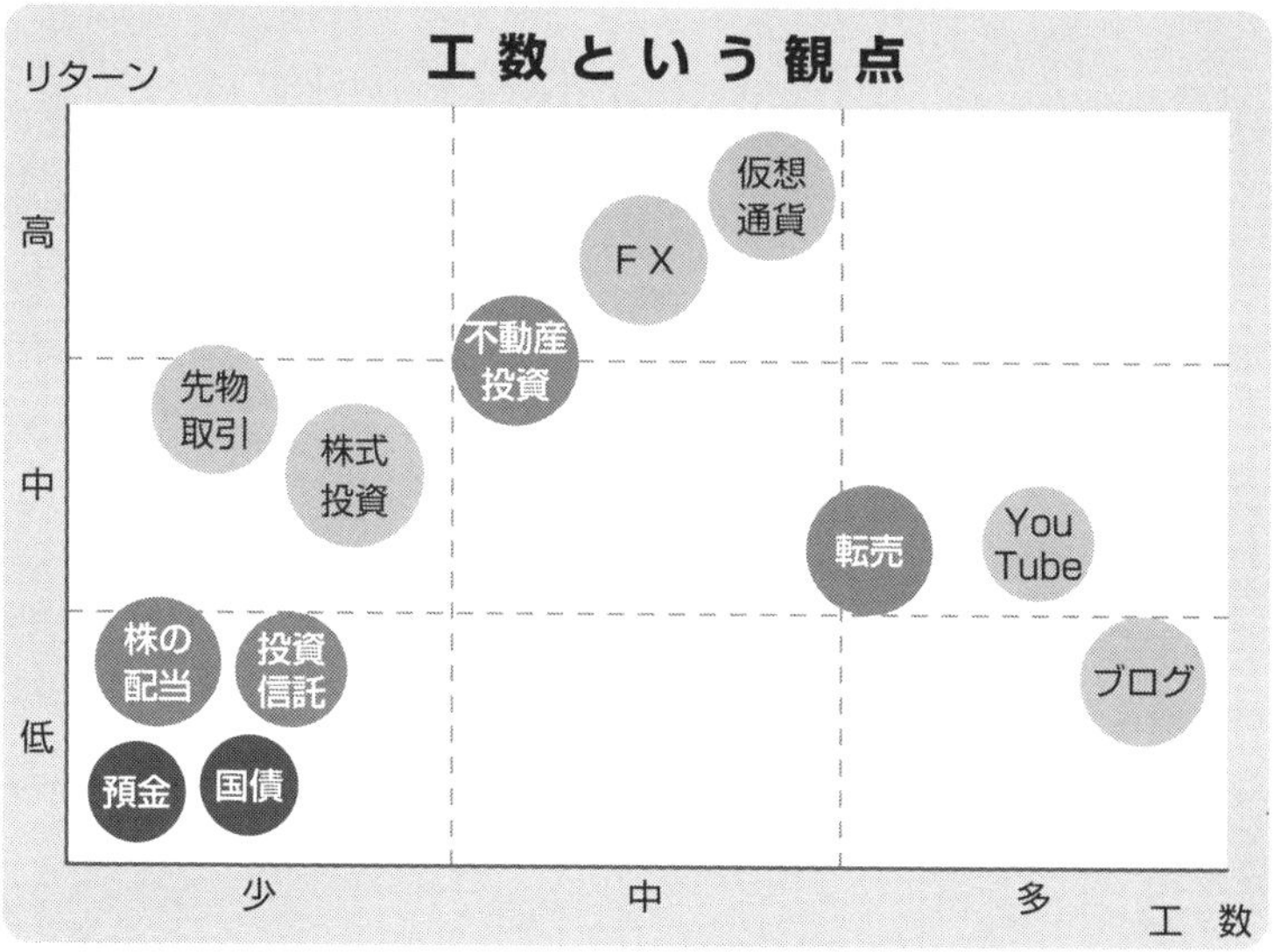

各手段が全く違う位置に移動しています。

YouTubeやブログは、工数をかけて動画や記事を作成していく必要があります。量だけでなく、質が問われます。質が良ければ、動画や記事の蓄積と共に広告収入が増えていき、不労所得になり得ます。

転売であれば、継続的に売ったり買ったりする必要があるため、常に一定の工数がかかります。

株式投資だとしても、会社の情報を調べたり研究するために、多少の工数はかかります。

ここまでの内容で、一概に不労所得といっても、「再現性」と「工数」という観点を考える必要があることがお分かりいただけたと思います。

◆「不労所得度＝再現性×工数×リターン」

再現性が高いものを10、低いものを1

工数が少ないものを10、多いものを1

リターンが大きいものを10、少ないものを1

とします。

これらを、先ほどの事例に当てはめてみましょう。

- 銀行預金での金利：再現性10×工数10×リターン1＝100
- 国債の金利：再現性9×工数10×リターン1＝90
- 不動産投資によるインカムゲイン：再現性6×工数6×リターン6＝216
- 株式投資による配当：再現性6×工数10×リターン2＝120
- 株式投資のキャピタルゲイン：再現性3×工数7×リターン5＝105
- FXのキャピタルゲイン：再現性2×工数5×リターン9＝90
- 投資信託のキャピタルゲイン：再現性5×工数7×リターン3＝105

・先物取引のキャピタルゲイン：再現性1×工数8×リターン6＝48
・仮想通貨のキャピタルゲイン：再現性1×工数3×リターン10＝30
・YouTubeによる広告収入：再現性1×工数2×リターン4＝8
・ブログの広告収入（アフィリエイト）：再現性2×工数1×リターン2＝4
・転売収入：再現性4×工数3×リターン5＝60

このように、貯金を100として見ていくと、不労所得の基準が定まるので比較しやすくなります。貯金が減ることは無いですからね。

数値を比較すると、不動産投資が最も値が高いのが分かります。しかも、各数値のバランスが良いですよね。

株やFX（仮想通貨は特に）の場合は再現性に不安があるため、長期の不労所得には向いていません。そのため、複数の手段を実践して、リスクを分散すべきだと考えます。

反対に、副業（ブログ、YouTube、転売など）と言われるジャンルのものは不労所得度がかなり低く、不労とは中々と言いづらいことが分かります。

よほどのセンスがある場合や桁違いの努力も辞さない場合は別ですが、そうでないのであれば、いくつか試してみて、あなたにマッチするものを探さないといけません。

このように比較すると、不動産投資が不労所得に近づく一番の近道なのがよく分かります。

今回のようなコロナ禍の状態でも、不動産投資は圧倒的な安定度を見せています。私が不動産投資と呼んでいるものは居住用のものです。店舗などは不動産投資とは呼ばず、不動産事業と呼んでいます。居住用の不動産投資は、コロナ禍だからといって一切変わることなく、満室稼働を続けています。

2 サラリーマンであれば貯金0でも可能

不動産投資というと、「地主やお金持ちがするものだ」というイメージの人は多いと思います。地主と言えば、代々田畑などの土地を保有しており、ショッピングセンターの駐車場や賃貸アパートを保有して、働かなくとも広い邸宅に住んでいるイメージです。お金持ちとは、会社経営者などで、高額な税金の節税対策で不動産を保有するイメージがありますよね。

不動産投資を開始する前の私もそうでした。サラリーマンである自分とは無縁のものだと思っていたのです。

しかしながら、実際はサラリーマンであれば年収300万円ほどから、自営業者であれば年収600万円ほどあれば、購入が可能です。もちろん、年収が500万、1000万円と上がれば、相談できる金融機関が増えるので、より有利となります。

サラリーマンという属性は、金融機関の融資で有利に働きます。金融機関の中には、頭金ゼロ円で融資してくれるところも多々あるくらいです。特に不動産投資初心者にとって、手持ち資金ゼロでも始められるというのはありがたいですね。

言ってしまえば、貯金ゼロでも始められるのです。会社経営者に有利と思っていたイメージは真逆だったのです。経営者であれば、頭金が必須だったりします。サラリーマン、最強ですよね。

私も貯金ゼロから始めました。

初めてワンルームマンションを購入したときは、それなりに散財している状況でした。飲みに行くのが好きな上司に連れられ、日々数件の飲み屋をハシゴしていたんですね。上司がおごってくれることもなく、宵越しの銭は持たない江戸っ子のような生活でした。

でも、このときだけは社畜をしていて良かったなと思いました。だってサラリーマンだからこそ、頭金ゼロ円で不動産を購入できたのですからね。これが自営業であれば、頭金が1～3割ほど必要になります。3000万円の物件だったとしても、最低で300万円です。当時の私には、絶対に無理でした。

サラリーマンであったからこそ、貯金ゼロ円でも不労所得生活が可能になりました。これも不動産投資だけの特権ですね。株やFXであれば、手持ち資金ゼロ円では絶対に開始できないですから。しかも取得したその次の月から家賃が発生するので、資産はどんどん増えていきます。

貯金ゼロ円のサラリーマンでも、不労所得生活を目指せる夢が不動産投資には詰まっています。

3 不動産投資をすれば無駄な出費がなくなる

人生最大の買い物として挙げられるのが、
・マイホーム
・保険
の２つです。

この２つを合わせると、生涯で６８００万円ほどの支払いとなります。

マイホームって響きは良いですよね。会社の周りの人も買っているし、そろそろ購入かな?と思っているあなた。マイホームという響きは良いですが、合理性を考えると、完全に無駄な出費です。

マイホームのメリットは、自己所有という満足感、愛着が持てる、自分の好みにＤＩＹが可能などあるでしょう。しかし、これって経済的な観点から見たらどうなんでしょうか。

２０１９年の新築マンションの平均購入価格は、首都圏が５９８０万円で、関西圏が４５１７万円です。仮に５２５０万円を35年ローン、フラット35で融資を組むと、毎月の支払額は約18万円となります。この18万円は、35年間毎月のしかかる支出になります。

さらに、購入後に価値が２割以上下がる、住む場所が固定される、維持費がかかる、子供が住むのは20年ほどと、デメリットがたくさんあります。なんといっても、子供が家から出た、海外に住みたい、退職したと、自分のライフスタイルに合わせられないのは、正直キツいですよね。

相談に来られた方のケースを紹介しましょう。

子供が大きくなってきたからということで、新築でマイホームを購入されましたが、15年ほどで子供が独立して家から出ていきました。退職も近いことから、家を売って子供の近くに引っ越そうと考えていたらしいのですが……、ローン残債よりも高値で売ることができずに、結局そのマイホームに住み続けているということでした。

貸し出すにも賃貸需要が少ないエリアのため厳しかったようです。築年数が20年も過ぎれば、水回りや外壁などの改修も必要になります。お風呂であれば１００万円ほど、外壁であれば１５０～２００万円ほど必要になります。一軒家だと固定資産税の負担も大きくなるため、買ったことを後悔されていました。

不動産投資を開始すると、収益を生まない負債であるマイホーム購入は後回しになります。不労所得生活になると経費生活が可能になるので、マイホームを事務所兼用として賃貸で借りる人が多いです。購入するよりも遥かに豪華なマイホームになります。汚れてきたり、改修が必要になれば、きれいな物件に引っ越せばいいだけですからね。

マイホームを購入しようか迷っている人は、一旦ストップして不動産投資から始めましょう。マイホームは金融機関から単なるお荷物の負債として見られるため、どうしても欲しい方は、不動産投資を終えてから購入するのがベターです。

すでにマイホーム持っている人はスタートラインにも立てないの？と思われそうですが、ご安心ください。実は私も、先にマイホームを購入していた状態から不動産投資を開始しました。

金融機関からの評価はマイホームがない人に比べれば落ちますが、十分可能です。しかし、マイホームを持たずに、もっと早い段階で自分が不労所得生活に突入していたと思うと……。

また、あなたが現在、生命保険に加入しているのであれば、不動産の購入後は不要になります。私も不動産購入後に不要な生命保険は全て解約しています（運用目的では継続しています）。保険は自宅の次に高い買い物と言われています。日本人の生涯支払う保険料の総額は1800万円ほどと言われています。生涯年収が2億円とすれば、その内の9％に当たります。

なぜ生命保険が不要になるのでしょうか？　それは、物件購入と同時に団体信用生命保険に加入するからです。もしあなたに万が一が発生した場合、保険金が銀行に支払われて、物件のローンはチャラになります。

例えば、年間ローン支払い600万円、手残りが年間300万円ほどの物件を保有しているとします。死亡後にはローン支払いが無くなるので、年間手取り額は900万円になります。物件を相続する家族にとっては、十二分な補償と言える保険になります。

私は生命保険会社に勤めていた経験もありますが、配偶者が亡くなり保険金が支払われた遺族の7割が、3年以内に保険金を使い切るというデータを知って驚きました。最愛の配偶者を亡くした悲しみで、現金があると使ってしまうようです。また、様々な企業が保険金を狙ってくるという話もよく聞きます。

不動産であれば、毎月決まった額の収益を生み出してくれるので、無駄な浪費が抑えられます。無駄な保険は解約でき、さらに万が一のときに家族を守る収入補償の代わりにもなります。

自宅と保険で合計6800万円の無駄な出費が無くなります。6800万円手元にあったら、あなたは何をしますか？

4 焦らなくても大丈夫！一休み一休み！

私の性格は、どちらかというと温和でゆっくりしています。バリバリ活躍する営業に憧れて転職したこともありましたが、向いていませんでした。一秒一分を争う仕事は向いていません。

そのため、株やFXのような一分一秒を争う投資は向いていませんでした。常にせわしなく経済動向をチェックして、時事ニュースに一喜一憂して、仕事中も30分に一回はトイレに行ってスマホをチェックなんて、できません。精神衛生的にも良くありません。私はストレスなく、自宅でコーヒーを飲みながら、漫画片手にゆったりと投資したいんです。

その点、不動産投資はじっくりと腰を据えて運用できるので、私のようなあまり動きたくなくてラクしたいタイプの人には、ピッタリの投資です。

・入居者から退去の連絡
⇒退去日の1ヶ月以上前に連絡があるので、賃貸募集が1日遅れても影響しない
・トイレが壊れた
⇒管理会社にお任せであれば事後報告
・金利が上がった
⇒急に上がることはないため、借り換え、金利交渉、繰り上げ返済と対策が練れる

様々なトラブルは、一分一秒で解決しないといけないような切迫したものではありません。ゆっくりとコーヒーを飲みながら、管理会社などにゆるりと電話やLINEを入れるだけで良いのです。

特に、ワンルームマンション投資は、やることがなさすぎて逆に不安になるくらいです。

私の仲間には、暇すぎて毎日カラダを鍛えているうちに、ボディービルダーになった人も

いるくらいです。

元サラリーマンの私が実感する限り、間違いなく会社の仕事よりも時間速度はゆっくりです。仕事のトラブルであれば、現地に行って謝ったり、復旧作業をしたりとアタフタしますが、不動産投資であれば自身で現地（管理会社）に行くこともまずありません。他の章でも述べていますが、まだ一度も見に行っていない物件もあるくらいです。

ということは、サラリーマンを継続できているあなたであれば、間違いなく不動産投資は成功すると言っても過言ではありません。

5 家で寝ながら、旅行先で遊びながらお金を稼ぐ

「家で寝ながらお金を稼ぐ」というと、FXや仮想通貨トレードの自動売買ソフト等に興味を惹かれるときもありましたが、最近は見なくなりました。また、よく週刊誌の後ろについている「青龍！朱雀！白虎！玄武！の力があなたに宿る〜アレもコレもすべて縁珠

がつなぐ〜」。金も女も、何でも手に入る数珠だと記憶していますが、大学生のときに欲に駆られて買ってしまった経験があります（苦笑）。今思えば、買ったからこそ今があるのではないのかと思いますね（ウソです）。

不動産投資は、詐欺でも怪しくもないのに、某数珠の宣伝文句と同じくらい効果がありますす。しかも、即効性があります。購入したその日から、お金を生み出してくれますからね。前の章でも述べましたが、不動産投資は仕事をするよりも、圧倒的にラクな作業です。自宅のソファで寝ながらでも、ハワイ旅行でバカンス中でも、スマホがあれば管理できます。私は２０２０年10月現在、１２１戸の物件を保有していますが、管理会社から連絡が来るのは月に１回ほどです。あとは毎月の収支報告をチェックするだけ。

不動産は、あなたが夜更かしして映画を見ているときも、大学の友人とフットサルをしているときも、妻に内緒でこっそりキャバクラで女性を口説いているときも、常にお金を稼ぐために働いてくれます。

24時間働いてくれて、経済市況に左右されづらく、手間や時間もかからない。そして、あなたの行動に口を出さない最良のパートナーです。まさに、不労所得をゲットするための、うってつけの投資と言えますね。

6

ブルーオーシャン！他の投資に対してライバルが弱すぎる

・株式投資の参加者：１４００万人
・ＦＸの参加者：４００万人
・不動産投資の参加者：５万人

単純に参加人数で比較すると、株式投資のライバルは、不動産投資の２８０倍です。その点、不動産投資は、一定の社会的信用が必要で、投資規模が比較的大きいことから、市場への参加者がまだまだ少ないのが実情です。競合が少ないということは、その分、勝てる可能性が高いということです。

また、参加者が５万人だとしても、自身で管理術を確立している投資家はほとんどいません。私の場合、人口減少が進みつつあるエリアでも、ほぼ満室を維持しています。

不動産は、購入ルートさえ間違わなければ、実質放置状態でも確実に儲かります。一方、間違ったルートで購入してしまい、焦って私に相談に来るオーナーさんは、購入時に引き継いだ管理会社に丸投げ状態で、管理会社の言いなりになっている方がほとんどでした。

そういう方に対しては、管理会社の切り替え、管理会社との付き合い方、費用のかからないリノベーションのやり方、火災保険を活用した裏技など、管理のノウハウを教えたりしています。

教えたオーナーさんからは、「管理会社へ強気に言っても良いんですね」「管理会社って、変えても大丈夫なんですね」といった反応をいただくことも多く、私からすれば当たり前のことが、意外とそうではなかったのです。

つまり、ライバルの数も少ないし、ライバルの質もそんなに高くないのです。

特にコロナ禍の中では、不動産投資に躊躇している人が増えていると聞きます。ライバルがさらに減ることは投資家としてありがたい話です。

その中で、自身の管理術があれば、儲かるに決まっていますよね。物件を多少割高で買ったとしても、十分リカバリーが可能です。

例えば、表面利回り10％のアパート（４０００万円）を、金利2.5％、20年ローンで購入したとします。満室稼働だと、手残りが年間１４６万円ほど。価格が10％違ったとして、管理が丸投げの場合と、自身の管理術で管理会社に指示を出した場合を比較してみましょう。

・自身の管理術（4400万円で購入　表面利回り約9％）
稼働率90％：400万×90％－279万（ローン返済）＝81万円
・管理丸投げ（4000万円で購入　表面利回り10％）
稼働率80％：400万×80％－254万（ローン返済）＝66万円

このように、10％物件価格を高く買ったとしても、管理で取り返すことが可能であることが分かります。株やFXなどの投資と不動産投資が大きく異なる点は、買って売ってで、終わりではないということです。日頃の管理をほんの少し工夫するだけで、一気に収益が改善します。

不動産投資を、株やFXなどの他の投資と横並びで見られる傾向が続く限り、不動産投資のブルーオーシャン状態は続くでしょう。今回のようなコロナ禍の状況においても、安定した収益を生み出し続けてくれています。

また、コロナ禍で新規参加者が減ってくれたので、よりオイシイ状況となっています。
具体的な管理術は第４章で公開しますので、お楽しみに！

第3章

horishin流
「ズボラ」不動産投資術

楽太郎

僕！　今すぐ不動産投資して不労所得欲しいです！　1ヶ月以内に不労所得でウハウハになれますかね？

horishin

楽太郎くんは気が早いね！　今すぐの気持ちは分かるけども、毎月どれくらいのお金があれば良いとか、自分の目標はある？

楽太郎

いや〜。あればあるだけ欲しいのですが笑。月25万円あれば、結構遊べる感じだと思います。

horishin

おっ！　具体的な数字が出てきたね！　1ヶ月以内にはさすがに厳しいけども、何年で月25万円を達成したいかな？

楽太郎

今が27歳なので、32歳くらいには達成したいです。まずは不動産と言えば、一棟マンションですかね？

horishin

それだけの時間的な余裕があるなら、地盤固めをしっかりしながらキャッシュフローを作るのが良いよ！　地盤固めで基礎づくりをして、その上にどんどん積み上げていけば、盤石な不労所得マシーンが出来上がるからね。

楽太郎

分かりました！　先生、ご指導ご鞭撻のほど、何卒よろしくお願い申し上げます。

horishin

急にかしこまってきたな（笑）。不動産投資が何たるかを教えてあげるね！

1 物件は、買えれば何でもいい!?

「物件は、買えれば何でもいい」


これを見て、あなたはどう思いましたか？

「え、何でも良くないでしょ」

「何でも良ければ、失敗する人なんかいないじゃん」

「私はすでに買ったけど、失敗したし……」

とかとか。そんな声が聞こえてきそうです。

普通に考えれば、至極まっとうな意見だと思います。

でも、ひとつ前提を加えてみると、いかがでしょうか。


【前提】

あなたがこれまでお付き合いしてきて、一度もハズレのない物件を提案し続けてきた不動産会社の営業マンが、あなたに新しい物件を提案してきたとしたら。

こんな流れになるのではないでしょうか。

営業マンA：◯◯さん、非常に良い物件を仕入れたので、これまでひいきにしてくれた◯◯さんに、真っ先に提案したいと思い、電話しました。

あなた：え、本当ですか⁉　ぜひ！

営業マンA：いつが空いてらっしゃいますか？（以下、省略）

（後日、勤務先近くのカフェにて）

営業マンA：こちらの物件です。地方にあって立地はそれほど良くないのですが、実は周りに競合が少なく、満室経営が期待できそうなんです。物件近くの仲介会社いくつかにヒアリングしたところ、適切なリノベーションを施せば、この想定家賃で早期に空室を埋められそうです。全9部屋のうち、今は7部屋空室ですが、今のオーナーが地主さんで、あまりリーシング（客付け）に積極的ではなかったようです。利回りが高く、賃料から返済や経費を差し引いても、これくらいCFが出ます。あ、リノベーション費用は当社が負担しますので、ご安心ください。

あなた：スゴイですね！　はい、すぐに契約させてください！

営業マンA：ありがとうございます！　◯◯さんに契約いただけて、私も嬉しい限りです。

今後とも、ぜひ宜しくお願いします。

あなた：いえいえ、信頼しているAさんが提案してくれる物件なら、私はどんな物件でも購入しますよ。

これは、私が実際に契約してきた流れです。私の場合は、尊敬する投資家の方から紹介を受けた営業マンが、Aさんだったのです。

紹介で初めてAさんとお会いしたときは、私の不動産投資に対する思いや目標などをヒアリングしてくれました。Aさんは私に共感し、「horishinさんの目標を達成するために全力でサポートさせてください」と言ってくれたのです。

さらにAさんは、「horishinさんに提案したいが、今在庫にある物件はあまり良くない。今仕込み中の物件がかなり良さそうなので、融資付け含めて仕込みが完了したら、すぐに提案させてほしい」と続けました。

約1ヶ月後、Aさんはその仕込み中だった物件を提案してくれ、私はその場で契約書にサインしました。

この本を読んでいるあなたも、ぜひAさんのような営業マンと巡り会ってください。そうすれば、「Aさんが提案してくれる物件なら、何でもいい」状態になります（正直、某シェアハウスを購入する前にAさんと出会いたかったですが笑）。

出会ってしまえば、あなたの不動産投資は「勝ち」も同然。意思決定さえすれば、あとはズボラでも何でも良いです笑。

迷いのない意思決定をしてくれるあなたは、Aさんにとっても特別な存在となり、「より良い物件を、いち早く○○さんに」というマインドになります。

そして次の提案でも、あなたは前回と同じように決断をする。あなたは、さらにAさんにとって特別な存在となります。まさに、正のスパイラルです。

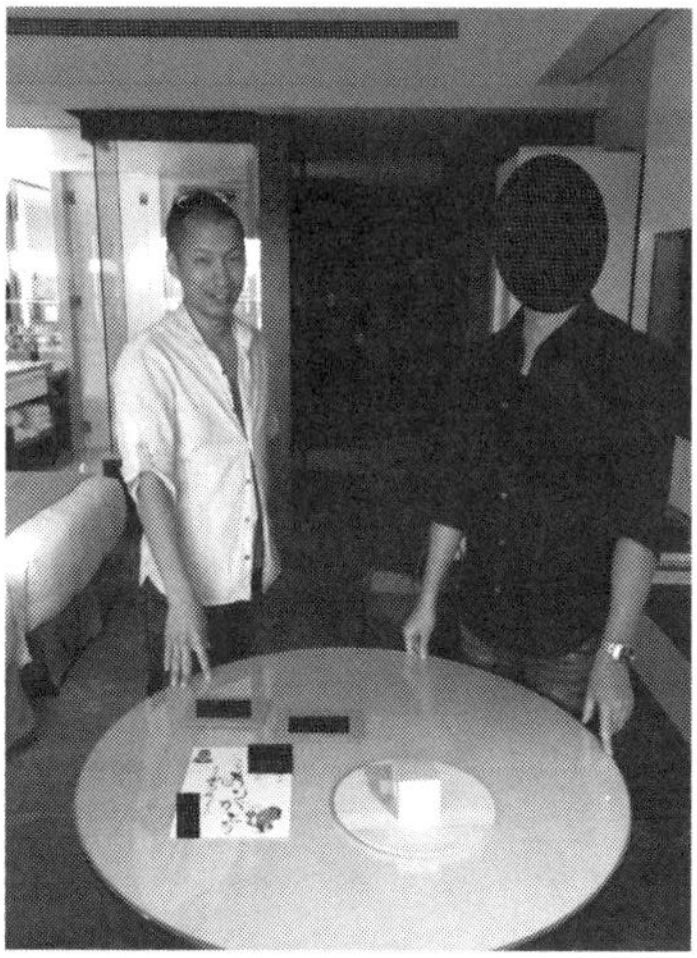

ちなみに、Aさんとは、公私共に仲良くさせていただいており、食事はもちろん、２人で旅行に行ったこともあります（上の写真は、滞在時のものです）。テーブルの上にメッセージカードが置かれていますが、私とAさんの共通の友人が、私たちの滞在を事前に聞きつけ、サプライズで贈ってくれたものです。これもビックリでした！

2 持ってるだけで丸儲け

私自身、不動産は、究極の不労所得と考えています。不動産を購入した後は、基本的には月に一回の「送金明細」と「家賃振込」を確認するだけ。

空室が出たときも、退去立会い、クリーニング、リーシング含めて、新しい入居者を迎えるための作業は、全て管理会社がしてくれます。

ワンルームマンションであれ、一棟不動産であれ、ぶっちゃけ、オーナーがすることはほぼ無いのです。

あなたが保有している物件がワンルームマンションであれば、5年~10保有すれば売却で数百万の利益が出ます。

収支のバランス上、仮に毎月1万円を自身が負担したとしても、5年で60万円。固定資産税を支払ったとしても、税金還付を考慮すれば、自己負担は5年で100万円もかからないでしょう。

100万円が5年で500万円に！

	残　高	運用利回り
開　始　時	100万円	38%
1　年　後	138万円	38%
2　年　後	190万円	38%
3　年　後	263万円	38%
4　年　後	363万円	38%
5　年　後	500万円	－

仮に利益が５００万円であれば、１００万円を差し引いても、残りの利益は４００万円。

他の投資で、１００万円を元手に5年後に６００万円まで持っていくには、かなりのスキルが必要になってきます。

上の表を見てください。

１００万円を元手に、毎年38％の利回りで複利運用し続ければ、5年後にやっと５００万円になるのです。「年利38％」ですよ。驚異的な数値です。

周りを見渡してください。年利38％を数十年安定して叩き出している金融商品はありますか？

私の知る限り、そのような金融商品は見たことがありません。利回りの高い投資信託でも、年利８％ほどです。

株の運用を経験している方なら、この凄さを理解いただけると思います。毎年継続して38％の利回りを出し続けることが、いかに難しいことか。一回限りであれば可能かもしれませんが、継続となると不可能です。さらに、株の運用は「不労所得」ではありません。「年利38％」を叩き出すために、相応の労力が必要なってきます。

世界一の投資家として名高いウォーレンバフェットですら、年平均リターンは22％です。この利回り38％という数字が、如何にとてつもない数字なのかが理解いただけると思います。

不動産なら、月に一回の「送金明細」と「家賃振込」だけ。ズボラでも全然できますよね笑。

では、なぜ不動産なら年利38％が可能なのか？

それは、「自己負担」か「他人負担」かの違いです。

株を運用するためには、元手１００万円は自己負担で準備しなければいけません（「他人から借りればいいじゃん」という方は除きます笑）。

さらに、自分で運用して年利38％を継続して達成しないといけません。つまり、元手も運用も、全て自己負担なのです。

一方、不動産はどうでしょうか？

不動産と他の投資との最大の違いは「融資を活用できること」です。不動産を購入するときは、金融機関から融資を受けて購入します。そして、融資の返済は、入居者の家賃がしてくれるのです。まさに、「他人負担」ですよね。

極論すると、5年後の500万円のうち、400万円の利益は入居者の家賃が負担してくれて、100万円のみ自分で負担した、ということになります。

住宅ローンであれば融資の返済は、自分の給与から。

不動産投資であれば融資の返済は、他人である入居者の家賃から。

同じ不動産であっても、「住宅」と「収益不動産」にも、「自己負担」と「他人負担」という大きな違いがあります。

投資の世界で、「少ない力（お金）で、大きな力（お金）を動かす」ことを、「レバレッジをかける」といいます。

ちょうど、「小さな力でも大きな石を動かすことができる」という「てこの原理」の話を思い浮かべていただければ、分かりやすいでしょう。

不動産投資では、

①購入時に融資を受けられること

②その融資の返済は、他人がしてくれること

により、「レバレッジをかけること」が可能となります。

先ほど述べた住宅ローンでは、①は満たしているけど、②は満たしていないため、レバレッジ効果はありません。

この「レバレッジ」を認識・理解することで、不動産投資の本質的なメリットが分かってきます。

そう考えると、よく「ワンルームマンションをプラス収支で持ちたい」「ワンルームマンションはマイナス収支だから、そもそも持つ意味がない」というトークをする人がいますが、これはナンセンスであることがお分かりいただけるのではないでしょうか。

ちなみに、一棟不動産だけをしている投資家ほど、このワンルームマンション批判をする傾向にあります。ネットを検索してみてください。ワンルームマンションを批判してい

る一棟オーナーがワンサカ出てきますので笑。

ワンルームマンションが例えマイナス収支であっても、レバレッジ効果により、借入の大部分は他人の力により返済されているはずです。ワンルームマンションを批判する人は、その本質を見落としています。

マイナス収支でワンルームマンションを保有しているあなた、安心してください。時間が経てば、必ず利益は出てきます。それを楽しみに、オーナーライフを満喫してください。

ちなみに、2019年に私が売却したワンルームマンションではトータル1200万円ほどの利益を確定できました。その間に空室は一度もなく、ひたすらほったらかしの状態です。数年ほったらかして利益1200万円の投資なんて……世の中に無いですよね。

一方、一棟不動産に目を向けてみましょう。前で述べたAさんのような営業マンから購入した物件であれば、保有した瞬間から大きなキャッシュフロー（プラス収支）を叩き出してくれます。

私の目線であれば、フルローン（物件価格で満額融資が出ること）で購入した場合、固定資産税を考慮しても、融資額の2～4％がキャッシュフローとして得られます。

例えば、1億円の一棟不動産を購入した場合、4％であれば400万円のキャッシュフローが得られるわけです。

それこそ、「持っていれば丸儲け」ではなく、「持った瞬間から丸儲け」ですよね笑。

◯ルガ問題（いわゆるスルガショック）があって以来、一棟不動産への融資が厳しくなっていますが、今でも融資してくれる金融機関は存在するのも確かです（２０２０年10月現在）。

一棟不動産に挑戦したい方、諦めずに行動してください。前向きな行動の先には、良い結果が待っていると思いますよ。

3 一期一会を大切にする

ここまで読んでいただいた方には予想がつくと思いますが、ズバリ「Aさんのような営業マンに出会う」といった縁が、一番大切です。

縁といえば、「一期一会」。この言葉、一度は聞いたことがあると思います。何となく分かるけど……という方、意外と多いのではないでしょうか？

「一期一会」を分解してみましょう。

「一期」とは、人の生涯のこと。

「一会」とは、たった一回の出会いのこと。

両者を合わせると、「一生涯でたった一度の出会いをすること」を意味します。

人は、年齢を重ねれば重ねるほど、自身の経験から得られた「固定概念」に囚われ、「井の中の蛙、大海を知らず」になりがちです。

「一期一会」を大切にすることにより、出会った人と話し交流を深められ、それまでの自分には無かった「新たな気づき・考え方・価値観を得られる」チャンスが生まれます。

そのチャンスを活かせば、無数ある選択肢の中から、自分の望む方向へ、人生の舵を切れる確率が高まるのです。


サラリーマンは、日常が固定的で、自分の世界を超えた出会いが不足しているのも事実です。変化がない分、自身の経験も限定的で、そこから生まれる「固定概念」も限定的のものとなります。

「不動産投資に興味はあるけど、一歩がなかなか踏み出せない」という方、日常で接することのない人との出会いの場へ、出かけてみることから始めてみませんか?

出かけると、良い物件を紹介してくれる人に出会えるかもしれません。物件の紹介は無くても、紹介してくれる人とお知り合いになれるかもしれません。

その一歩一歩の積み重ねが、あなたを変えるきっかけとなるはずです。

人生、おひとり様一回かぎり。

その一回かぎりの人生を左右するのは、あなた自身です。やるかやらないかは、あなた次第。

4 不動産投資には順番がある

ワンルームマンションと一棟不動産、horishin はどちらの不動産も保有し続けています。いずれかに偏る投資家が多い中、めずらしい投資スタイルだと思います。

でも、これまで述べてきたように、それぞれ大きなメリットがあるので、この本を読んでいただいている方には、ぜひ両方のオーナーになってもらいたいと思っています。

両方のオーナーになるために大切なこと。

それは「順番」です。

結論から言うと、
・ワンルームマンション購入後でも、一棟不動産は購入できる
・一棟不動産を購入した後は、ワンルームマンションはほぼ購入できない
ということになります。


それはなぜか?

ワンルームマンションの融資実態に理由があります。ワンルームマンションの融資基準は明確で、必ず「年収倍率」と「返済比率」の観点で融資の可否が審査されるからです(ごく一部の金融機関では「返済比率」しか考慮しないところがありますが、それは無視します)。


年収倍率とは、年収の何倍まで融資するか。例えば、年収500万円の方で年収倍率が6倍の場合、3000万円まで融資するということです。

返済比率とは、月収の何%まで返済を許容するか。例えば、月収50万円で返済比率が50%の場合、月の返済額が25万円になるまで融資するということです。

一棟不動産を購入してからワンルームマンションを購入する場合、2つの観点のうち「年収倍率」が問題になります。

一棟不動産はワンルームマンションと比較して高額で、1億円を超えることもめずらしくありません。例えば、年収500万円の人が5000万円の一棟不動産を購入したとします。この時点で、年収の10倍まで融資を受けていることになります。

ワンルームマンションに融資する金融機関で、年収倍率10倍を超えているところはほとんどありません。

結果、一棟不動産を購入した時点で、ワンルームマンション投資への道が閉ざされることになるのです。

一方、一棟不動産の場合は、融資基準が画一的ではなく、全体の収支のバランスを考慮しつつ個別に融資を検討してくれるケースも多々あります。そのため、ワンルームマンションを保有しているからといって、一律に「融資しない」ということはあり得ません。

それを証拠に、私はワンルームマンションを5件購入した後に、◯ルガ銀行、政府系金融公庫、そして直近では、地銀さんから融資を受けています。さらに現在では、資産管理法人の名義で不動産を買い続けています。

なので、ワンルームマンションと一棟不動産のメリットを双方受けたい！という方は、くれぐれも「ワンルームマンション⇒一棟不動産」の順番を忘れないでください。「後悔、先に立たず」ですから笑。

もうひとつ、順番が重要である理由があります。

一棟不動産は毎月のキャッシュフローが出るため、持った瞬間から儲かるというメリットがありますが、最低限の管理知識が必要となります。

その点、ワンルームマンションは管理知識がほとんど不要です。悪徳ではない管理業者であれば、丸投げで大丈夫です。勉強する必要もほとんどなく、寝かしておけばキャピタル、ローン完済後であればキャッシュフローも得られます。

第4章で詳細をお伝えしますが、中には一棟不動産の管理知識を身につけるのが面倒だと考えている方がいます。ワンルームマンションを購入することで、

・収支表を見る
・賃貸管理会社と数年に一度のやりとり
・管理組合からの連絡（書面）
・管理組合の総会（希望者のみ参加）
・確定申告

と、一通りの不動産投資の経験ができます。

この経験から、自分には一棟は向いてなさそうだと思えば、ワンルームマンション投資

までで止めれば良いのです。
ワンルームマンションであれば、5年ほど寝かせて売却すれば、キャピタルも得られます。都内や大阪・名古屋などの都心部であれば、資産性や流動性も高いため、売却もスムーズにいきます。

「案外楽勝だから一棟も行けそうだな」と思えば、一棟にシフトしていけば良いのです。ワンルームマンションの管理組合の総会に参加すれば、どのように建物の改修を行うかなど、一棟不動産投資で必要な「建物管理」の勉強にもなります。

一番怖いのは、何も分からずに一棟不動産を購入して、後戻りができずに後悔することです。そうならないためにも、まずは後戻りができるワンルームマンションから始めることが大切です。一歩ずつ着実にステップアップしないことには、土台から崩れてしまいますからね。

スラムダンクの湘北高校は、スーパールーキーで点取り屋の流川（一棟不動産）が加入しました。でも、赤木と木暮が土台（ワンルームマンション）を作っていたからこそ、活躍できる場があったんですね。詳細は、私の前著「サラリーマンはラクをしろ」に記載しています。

5 不動産投資をしていればチャンスを見逃さない！

私が現在、平均して毎月450万円の不労所得を得ているのは、不動産からだけではありません。店舗事業やヘッジファンド、株式投資なども含まれます。これらの不労所得は中期から短期的なものが多いのですが、一時的にはブースターのような利回りのものもあります。

・株式投資
↓アベノミクスとコロナバブルで2倍以上に
・仮想通貨
↓数倍どころか数十倍に
・タピオカ店舗
↓ブームに乗って利回り400％なんてときも
・ベンチャー事業
↓2年で元本が5倍に

・ＦＸ系私募ファンド

↓ここ5年ほどは年利30％超え

などなど。

うまく時流に乗ることができ、利益を確定できました。

これらがうまく利益確定できたのも、すべて不動産投資のおかげです。安定した不動産という基盤があるからこそ、ビッグチャンスに乗ることができます。躊躇《ちゅうちょ》することなくチャンスに乗れるので、先行者利益の恩恵があります。

私の周りでも、大きく資産を増やしている人は、不動産投資という安定的な基盤を作ってから、様々な時流に乗った投資を行っています。中には元金１００万円から始めて、現在では資産10億円超えのツワモノまでいます。

今からタピオカ店を出しても、仮想通貨を買ったとしても、利益を上げることは中々に難しいでしょう。

でも、追い風のときであれば、一瞬で利益を上げることができます。

ＦＸなどはゼロサムゲームです。ゼロサムゲームとは、ゲーム理論と呼ばれる経済理論で、参加者の得点と失点の総和（サム）がゼロになるゲームを指します。ということは、誰かが勝てば、誰かが負けるのです。

株や事業投資はゼロサムゲームではありませんが、時流が大切です。時流が少しでも変わるだけで利益が出ていたものが、損失に変わります。

それに比べて、不動産投資は時流に左右されることなく安定的です。「衣・食・住」の住に関わる投資なので、大勝ちはありませんが負けはありません（※もちろんhorishin流の不動産投資に限ります）。

不動産という安定的な投資を実践し続けることで、心にも資金的にも余裕が生まれます。この余裕があるからこそ、時流を読み取ることができ、チャンスに乗ることもできるのです。

余裕があるということは、視野も広くなります。また、平常心を維持できるため、冷静な判断も可能です。

この広い視野かつ冷静な判断によって、チャンスの精査と投資タイミングが掴めるわけです。

第4章

horishin流
「ズボラ」不動産管理術

楽太郎

先生！　購入物件の順番は分かりました！　まずはワンルームを買います。その後に一棟も買っていきたいのですが……管理がちょっと、僕には不安です。先生がいなくなったらと思うと……悲しいです！

horishin

おいおい楽太郎くん！　私を亡き人にしないでよ笑。確かに一棟だと、ワンルームよりも管理はちょっと大変だけどね。楽太郎くんは毎日仕事してるよね？

楽太郎

先生は僕がサボってるって言うんですか？　いくら先生とは言え、失敬ですよ。僕は有給休暇なんて取ったことないですし。基本的に朝も7時には出社してます。帰った後もパソコンの入力作業したり、土日も仕事やデートに生かせそうなスキルを勉強していますよ。

horishin

そういうことを聞いたんじゃなくて笑。仕事してるんだったら、絶対に一棟の管理のほうが簡単でラクだって言いたかったんだよ！　会社員だったら、管理のイロハを覚えれば、後は誰でも楽勝だよ。

楽太郎

そういうことだったんですね。びっくりしましたよ！　ちょっと焦って、言わなくても良いこと言ってしまいました。聞かなかったことにしてください笑。

horishin

女の子とのデートのことをかな？笑。正直言って、1回覚えてしまえば、漫画読みながらでも、寝転びながらでも、映画見ながらでも、管理はできちゃうよ！

楽太郎

マジっすか！　サボりながら管理できるなんて、不動産投資サイコーっすね！　だったら時間あるので、ガールズハントの時間削らなくても良いっすよね！

horishin

なんか口調変わってるけども……。簡単だから覚えよう！

1 LINEと電話だけで何でもできる

晴れて不動産オーナーになった後は、物件を管理していく必要があります。管理には、「賃貸管理」と「建物管理」の2つがあります。

賃貸管理：入居者の募集や退去の立ち会い等、入居者やお部屋に関する管理。

建物管理：共用部の清掃や大規模修繕等、建物メンテナンスに関する管理。

ワンルームマンションオーナーの場合、「賃貸管理」がメインで、「建物管理」は管理組合が締結している委託先がやってくれるため、建物管理を意識することはないと思います。

一方、一棟オーナーの場合には、管理会社に「賃貸管理」と「建物管理」の双方を委託する必要があります（一般的に、賃貸管理と建物管理を分けることなく、同じ管理会社に委託します）。

ワンルームであれ一棟であれ、管理会社さえ決まってしまえば、その後はオーナーがや

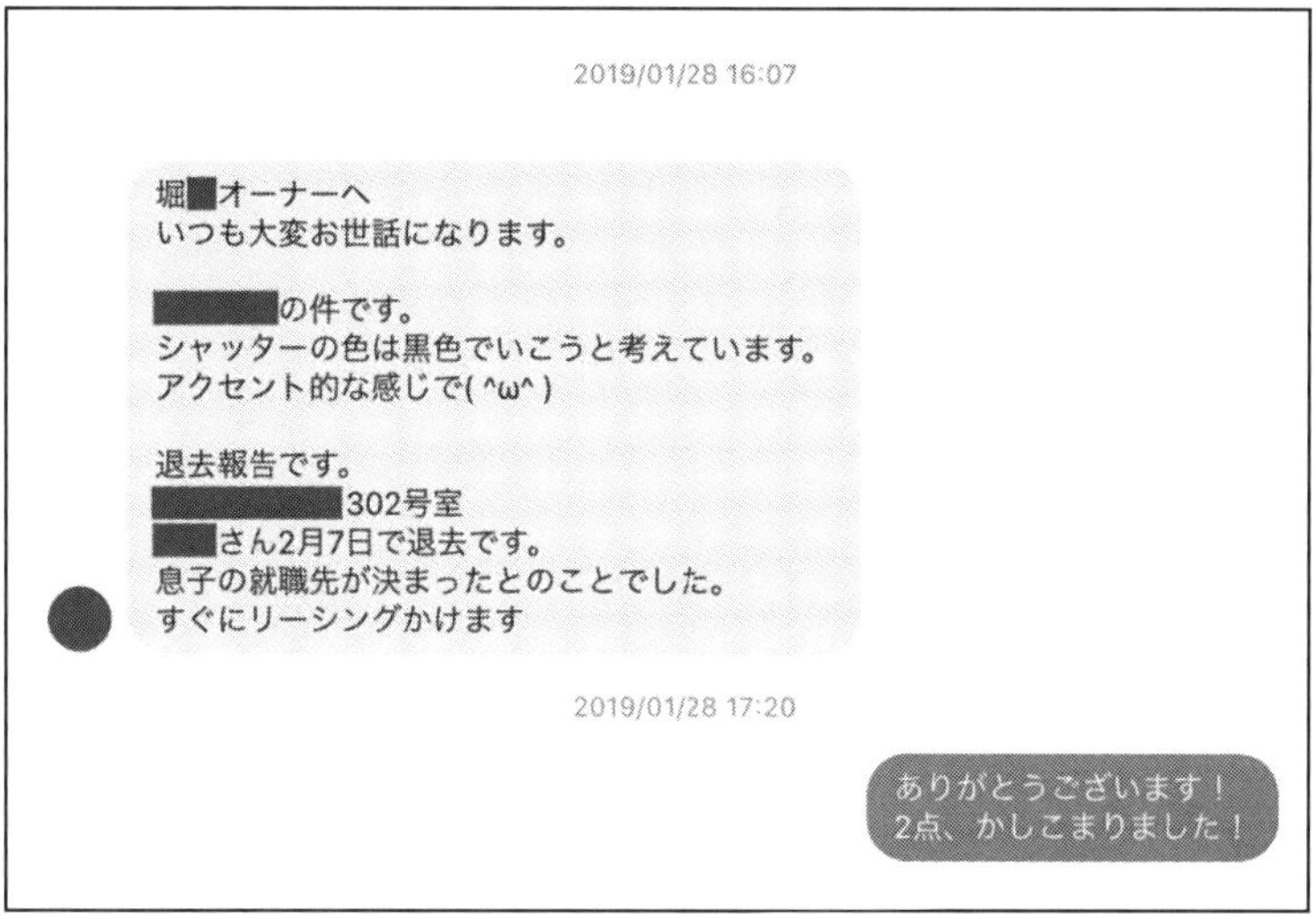
2019/01/28 16:07
堀[redacted]オーナーへ
いつも大変お世話になります。
[redacted]の件です。
シャッターの色は黒色でいこうと考えています。
アクセント的な感じで(^ω^)
退去報告です。
[redacted]302号室
[redacted]さん2月7日で退去です。
息子の就職先が決まったとのことでした。
すぐにリーシングかけます
2019/01/28 17:20
ありがとうございます！
2点、かしこまりました！

ることはほとんどありません。

管理会社から連絡があるときといえば、主に「入退去のとき」と「何かが故障したとき」です。１２０室以上保有している私でも、連絡があるのは月に1回あるかないか。その何かがあったときも、全て電話かＬＩＮＥ（メッセンジャー）を活用して、遠隔で事を済ませることができます。

上のやりとりを見てください。メッセンジャーで、業者さんから報告を受けたときの内容です。このときは、シャッターの塗り替えと退去の報告ですね。

ぶっちゃけ、保有している物件のうち、１回も見に行ったことがないものも結構あります笑。結局、ちゃんとした業者さんから提案された物件であれば、何でも良いのです。あとは、月に1回あるかないかのＬＩＮＥや電話だけ。

不労所得の醍醐味は「ズボラ」です。他の投資家さんで、ボロ物件を購入してＤＩＹでリノベーションし、管理は自分でやったり（自主管理）と、かなりの労力をかけて賃貸経営を実践されている方が結構いらっしゃいます。

それはそれで1つの手段であることは認めますが、私は全く魅力を感じません。「ズボラ」から程遠いからです。

考えてみてください。日々業務で追われている忙しいサラリーマンが、それを実践できるでしょうか？

また、投資には「再現性」が必要になってきます。ＤＩＹや自主管理は、そこに発生する労力を考えると、再現性が低いと私は考えてしまいます。

一方、ズボラな不労所得をゲットするためには、私がこの本で言っていることを実践するだけでいいのです。なので、最初にほんのチョコっとだけ努力して、前向きに行動してください。その後に、「ズボラ不労所得」が待っていますよ。

2 管理会社の立場になって考えて、行動する

「相手の立場になりましょう」

子供の頃から何度も聞いているフレーズですよね。

管理会社との関係も、このフレーズに倣えです。

「相手の目線に立って、基本的なことをちゃんとやる」こと。

これだけです。

管理会社の担当者は何をされたら嬉しいのかを考えましょう。そのときに考慮すべきことは、彼らの「給与体系」です。不動産会社の営業マンであれば、物件を売ればインセンティブが付与されます。売れば売るほど、会社から金銭的な報酬がもらえます。

しかし、管理会社の担当者は、物件の管理業務で何かをしたからといって、インセンティブが付与されることはありません。つまり、ほぼ完全な固定給なので、自分の頑張りが年収の上昇に直結しないのが、管理会社の担当者なのです。

その特性に、オーナー側が付け込むチャンスが潜んでいます。綺麗な表現ではないですが、「賄賂」を渡すのです！

例えば、私が実践している次のやり取りを見てください。

私：Bさん、満室まで後3部屋ですね！　満室に向けて、ぜひ引き続き、よろしくお願いします。そこで、Bさんに提案があるのですが。

担当者B：はい、なんでしょう？

私：満室になった暁には、Bさんに個別で3万円の商品券をお支払いしたいと考えています。もしくはBさんさえ良ければ、現金でもいいですよ笑。

担当者B：え、それは申し訳ないです。お気遣いされないでください。

私：いえ、これは日頃からお世話になっているBさんへの私の気持ちなので、ぜひ受け取って欲しいのです。私も満室になりますし、Bさんにとっても正当な報酬だと思うので。でないと、満室になる前提で、今お支払いしちゃいますよ笑。

担当者B：え〜！、今は受け取れません！　そこまでhorishinさんに仰っていただいたので、私も満室目指して、全力で頑張らせていただきます！

私：はい！、ありがとうございます。

こんな感じです。実際に金銭を支払うこと自体も大切ですが、あなたの気持ちや姿勢を担当者Bさんに伝えることも同じくらい重要です。

会社では評価されづらいBさんも、あなたと同じ人間です。そのBさんに、あなたの感謝の気持ちを伝えると共に、金銭的なインセンティブも与えるのです。あなたも会社で仕事をしていて、取引先や自分とは関係ない部署の人が頑張りを評価してくれたらどうでしょうか？　Bさんも、あなたと全く同じです。

そうすれば、Bさんはきっと、あなたの心強いパートナーになってくれるでしょう。

また、私は、管理会社の担当者さんには、お中元やお歳暮も欠かさず贈っています。管理会社さんから聞きましたが、担当者にお中元などを贈っている人は、極めて稀のようです。

ほとんど贈る人がいない状況下であなたがこれを実践するだけで、多数のオーナーがいるなか、あなたの存在がBさんの中で大きくなっていきます。結果、あなたの物件の優先度が、Bさんにとって高くなるわけです。

お中元やお歳暮は、年に2回。気持ちと「贈っている事実」が大切なので、高額な商品は必要ではなく、価格も2000～3000円で十分だと思います。購入して贈るだけなので、労力もほとんどかからないですよね。

「贈りたいけど、何を送ればいいのか分からない」というあなた。オススメはカタログギフトです。楽天市場など、ネットのショッピングモールの検索欄で「カタログギフト」と入力してみてください。カタログギフトがワンサカ出てきます笑。金額もマチマチで、安いもので1000円台から、高いもので10万円以上するものもあります。

そこから、あなたが良いと思うカタログギフトを選択して、購入するだけで完了です。また、裏ワザとして、ふるさと納税の品をお中元やお歳暮にすると、節税効果もあってより効果的です。

ここまでお読みいただいた方はお察しいただいているかもしれませんが、私はコミュニケーションを重視しています。「コミュニケーションが苦手」という人は、これを機に、ぜひコミュニケーション能力を磨いてください。

これさえできれば、あなたも管理会社から好かれて、勝手に最善な管理をしてくれます。あなた自身は動くことなく、ズボラ投資家になれますよ。

3 それでも、物件を愛そう ～物件を褒めて長所を伸ばす～

この本を読んでいる方の中には、空室が埋まらず、困っているオーナーさんもいらっしゃると思います。

そういったオーナーさんに対して、「それでも、物件を愛しましょう」と伝えたいですね。

今のあなたは、

・悪い物件を購入してしまった
・あの業者のせいで、私がこんな状況になっている
・こんな物件、早く手放してしまいたい

などなど、ネガティブなことばかり考えていませんか？

ネガティブな思考は、ネガティブな状況を招くだけです。購入した不動産会社が仮に悪徳業者だったとしても、購入した事実を変えることはできません。状況を改善するためには、今からあなたがどう行動するかにかかっています。

私も、某シェアハウスを購入して状況が悪化したときに、ネガティブな思考に陥りそうになりました。被害者の会といった会合にも参加してみましたが、「○ルガ銀行が悪い！」「我々は、○マートデイズに騙された被害者だ！」といった、他人を責める内容ばかり。反対に、冷静な発言をしようものなら、「非国民」のような扱いを受けているような人もいました。

私はそのような雰囲気や発言が好きになれず、途中で退席し、会場を後にしました。その日から、私は自分で新しい管理会社を探し出し、○ルガ銀行と金利交渉に臨むことで現状を打開し、今の状況を作り出しました。その結果、今では、○ルガ銀行との交渉について、多くの人にアドバイスをするようにまでなっています。

もしあなたに子供がいたとして、子供がテストで悪い点を取ったとします。

・出来の悪い子供を作ってしまった
・妻がしっかり見ていないから、こんな状況になっている
・こんな子供、早く出て行って欲しい

こんなふうに思っていたら、お子さんはどう思うでしょうか？

物件も、あなたが選んでやってきた大切な息子です。

このように、イイ状況を創り出すためには、前向きなマインドでの行動が必要になってきます。後ろ向きのマインドで頭の中が一杯だと、事態を改善して最終的に成功させることは、決してできません。


「成功」の反対は、「失敗」ではなく「諦め」。

むしろ「失敗」は、「成功」に至るための糧だと言えます。

漫画『スラムダンク』の安西監督も言っていますよね、「最後まで……、希望を捨てちゃいかん。あきらめたら、そこで試合終了だよ」と。

ということで、物件を褒めて長所を伸ばし、物件を愛することから始めましょう。

その上で、

・物件の競争力はどこにあるか
・管理会社を変えると、CFが改善し、リーシングも向上しないか
・できるだけ安く、物件の設備を刷新できないか
・壁紙を一面変えると、雰囲気が変わらないか
・金利を下げられないか、あるいは借り換えできないか

などなど、講じる策を検討し、1つずつ実行していきます。

また、立地条件が悪いと、「不動産だから立地条件を変えることもできないし、対策なんてそもそもできない。あー、どうしよう」と考えるオーナーさんも多いと思います。

確かに、駅から遠い物件を駅近にすることはできません。でも、視点を変えてアピールすることで、リーシング力を高めることも可能です。

例えば、電車以外の交通網を調べてみると、実はそこまで不便ではないというケースも結構あります。「最寄駅から20分以上離れていても、近くのバス停からは徒歩3分くらいであれば全然大丈夫」という人も結構います。

また、駅から離れていても、近くの駐車場と提携して駐車場のある物件にすれば、競合との差別化もできます。

なので、あなた自身が保有物件で利用可能なバス路線の有無を調べてみて、それを募集情報に記載してもらい、仲介会社からも入居希望者にアピールしてもらうなど、工夫次第で立地条件の不利な点はカバーできるようになります。駐車場も然りです。

さらに、周辺環境を調べてみることも効果的です。立地条件が良くても、コンビニやスーパーが近くに無かったりするケースもあります。一方、あなたの保有物件の近くに、生活に必要なコンビニやスーパー、飲食店などがあれば、それは強みになり得ます。

あとは、自身の物件力を向上させる手段を追加で講じていけば、さらに競争力が増します。そうやって、一見不利な状況でも、ひとつずつ対策を取っていけば、必ず逆境を打破できる道筋が出来上がってきます。子供は必ず長所はありますよね？　物件も然りです。

想像してみてください。

・ネガティブな思考で、文句を言う日々を過ごす

・前向きな姿勢で、ひとつずつ工夫を積み上げていく日々を過ごす

どちらのオーナーが、逆境を打開できるでしょうか？

間違いなく、後者です。

誤解を恐れずに言えば、私は「マインド」と「行動」次第で、どんな状況でも何とかなると思っています。思っているというよりは、「信念にしている」という表現の方が正し

いかもしれません。

話は変わりますが、アレックス・ロビラ著の「Good Luck」という本を、あなたはご存知でしょうか？

物語に登場した黒いマントの騎士ノットは、自ら可能性を閉ざしていたのに対し、白いマントの騎士シドは、創意工夫を重ねて幸運のクローバーを手にしました。

そして、印象に残る言葉がこれです。

幸運が訪れないからには、訪れないだけの理由がある。
幸運をつかむためには、自ら下ごしらえをする必要がある。

いかがでしょうか。私がここまで述べてきたことに通じる部分があると思います。読んだことのない方は、ぜひ読んでみてください。

明日から、前向きになれるはずです。

4 一棟オーナーは、プロパンガスの導入を検討しろ！

私が保有している物件では、ほとんどの物件でプロパンガスを導入しています。

なぜか？　それには、大きな経済的メリットがあるからです。メリットは2つあります。

まず、次ページの写真を見てください。

この写真は、プロパンガスを導入する代わりに、プロパンガス会社が無償で提供してくれた設備の明細です。具体的には、「給湯器（キッチンでのリモコン付き）」と「エアコン」を、全12世帯に無償導入してくれたのです。

その総額、なんと193万6000円！

賃貸物件では、給湯器とエアコンは必須です。自己負担で導入していたとしたら、約200万円のコストがかかっていたわけです。

でも、ガス供給としてプロパンガスを導入すれば、プロパンガス会社が無償で設備を提供してくれるんです。自己負担が減るので、利回りも上がります。

この手法は、新築だけでなく中古物件でも有効です。一棟アパートや一棟マンションの

「対象物件表示」

印紙税法の規定により非課税
（１９８９年４月１日より）

1．「住宅設備機器の設置場所」

住所 [redacted]

名称 [redacted] 12 世帯

2．住宅設備機器

下記金額表記は税別とする

No.	品名仕様	数量	単位	単価	金額	設置年月	備考
1	給湯器RUX-VS1616W-E	12	台	70000	840000	2019年3月	
2	台所リモコンMC-145V	14	個	8000	112000	2019年3月	
3	配管カバーUOP-L101	8	個	5000	40000	2019年3月	
4	排気カバーUOP-L101-600	4	個	6000	24000	2019年3月	
5	取付工事費	12	式	15000	180000	2019年3月	
6	エアコンAS-A228H	11	台	60000	660000	2019年3月	
7	エアコンAS-C228H	1	台	80000	80000	2019年3月	
8							
9							
10							
		①	合計		¥1, 936, 000		

オーナーさんで設備を刷新したいと考えている方は、プロパンガスに切り替えるだけで、無償で新しい設備をゲットできるのです。

続いて、２つ目のメリットです。このメリットをご存知の方は、ほとんどいないのではないでしょうか。

次のメール文面を見てみてください。ガス会社からの料金バックに関する回答メールです。

料金バックとは、簡単に言うと「入居者がガスを利用して支払ったガス料金の一部をオーナーに還元すること」を指します。

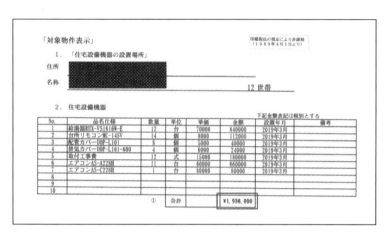

文中では、「ガスメーター1個につき、１ヶ月３００円」と記載されています。世帯当たりの月平均のガス使用量が約３０００円なので、約１割の料金バック（還元）となります。

この物件の場合、全12世帯なので、月３６００円（＝３００円×12世帯）の収入です。決して大きな金額ではないですが、少しでも収入が増えるのは、嬉しいですよね。

ただこの料金バック、プロパンガス会社は自分から絶対言いません。オーナーさんも知らない人が多く、初めて聞いた方も多いと思います。なので、これはオーナー自身が自分で交渉していく必要があります。

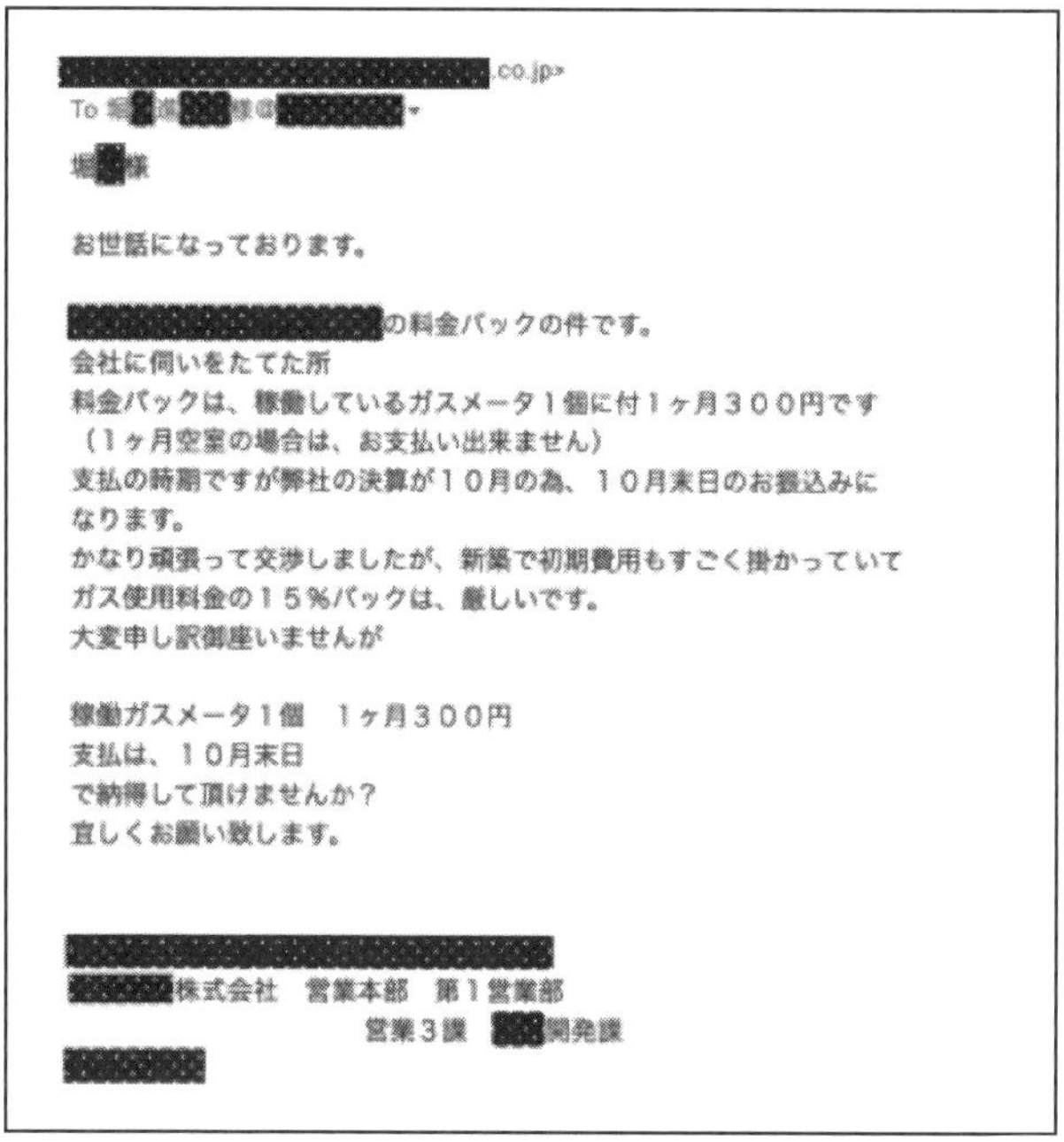

[redacted].co.jp>
To [redacted]
[redacted]様

お世話になっております。

[redacted]の料金バックの件です。
会社に伺いをたてた所
料金バックは、稼働しているガスメータ１個に付１ヶ月３００円です
（１ヶ月空室の場合は、お支払い出来ません）
支払の時期ですが弊社の決算が１０月の為、１０月末日のお振込みに
なります。
かなり頑張って交渉しましたが、新築で初期費用もすごく掛かっていて
ガス使用料金の１５％バックは、厳しいです。
大変申し訳御座いませんが

稼働ガスメータ１個　１ヶ月３００円
支払は、１０月末日
で納得して頂けませんか？
宜しくお願い致します。

[redacted]
[redacted]株式会社　営業本部　第１営業部
営業３課　[redacted]開発課
[redacted]

すでにプロパンガスを導入しているオーナーさんも、今から交渉すれば料金バックしてくれる可能性が高いです。料金バックを受けていない方は、ぜひ交渉をトライしてみてください。

ちなみに、私の交渉方法が気になる方は、公式ＬＩＮＥでご連絡ください。極秘で伝授いたします。プロパンガス担当者のメール文面でもお分かりいただける通り、結構ゴリゴリ交渉しています笑。

5 物件名を改名すれば、運気が上がる

一棟オーナーになると経験することですが、購入した物件の名前が「ダサい」時って、結構な頻度であります笑。物件名にオーナー自身の苗字を入れていたり、「○○荘」「○○ハイツ」といった、いかにも古臭い名前だったりとか泣。

立地も利回りも申し分ないけど、名前が超ダサい！　これって、私的には超テンション下がってしまいます。

「ダサいだけで、物件の運営とは全然関係ないじゃん」と思うあなた、ちょっと考えてみてください。

「○○荘」と聞くと、古くさい木造アパートというイメージを持ちませんか？　聞いただけで、「古臭くて汚いアパート」というイメージが湧いてくるので、まず女性には敬遠されてしまいます。

名前だけで検討から除外されるというのは、オーナーとしては避けたいところですよね。

なので、購入した物件の名前がダサい場合、私はすぐに物件名を変更します。相談を受ける方からは、たまに物件名の変更が話題に挙がったりします。

その際、お決まりのように「物件名って、変更しても大丈夫なんでしょうか?」と聞かれます。

その質問に対して私は、「大丈夫って、何でダメだと思うんですか?」と、質問に対して質問で毎回投げ返します笑。

そうすると、質問された方は「え、でも、入居者の方に悪いし……」みたいな感じになります笑笑。私からすれば、「そんなこと知ったことじゃない」です。

あなたは物件のオーナーなんだから、物件名なんて、変えたいときに変えればいいのです(常識の範囲内でですよ笑)。入居者の中には、「この物件名ダサいな」と考えている人もいるかもしれませんしね。

物件名を変更するために必要なことは、「管理会社に連絡する」だけ。これだけです。連絡を受けた管理会社は、各入居者への通知や問い合わせ対応等、必要なことは全てしてくれます。

私の場合、物件名の変更は4回経験していますが、入居者からクレームが来たことは、一度もありません。

管理会社からすると余計な手間が増えるので、あなたが連絡しときに何か言ってくる可能性はありますが、そこはオーナーとして「物件名がダサいから変更したい」と、ハッキリ言ってください。そうすれば、管理会社もNOと言えなくなりますので。ていうか、文句を言ってくる管理会社なんて、辞めちゃえばいいのです。

変更後は、あなたの考えた名前が物件名になるのです。愛着も湧いてきます。愛着が湧けば、「この物件をより良くしよう」と思うようになります。あなたのマインド面でも、プラスに働きます。私はたまに、物件名を検索して自分のつけた物件名を見てはニヤニヤしています笑。

物件名を考えるときに、ひとつアドバイスがあります。それは、女性にウケが良い名前を付けること。

物件の仕様もそうですが、物件に対して何かするときは、「女性」を意識する必要があります。経験則上、女性に受け入れられる内容であれば、男性にもヒットします。一方、男性に焦点を当ててしまうと、途端に女性に受け入れられなくなってしまいます。

なので、物件名には、「〇〇荘」といった漢字を使うのではなく、英語やフランス語など、片仮名やアルファベットを使用すると、女性に対するイメージアップに繋がります。

私の場合は、「アルファベット＋地域名（駅名）」にするケースが多いですね。地域名や駅名を付ければ、その地域に住みたい入居者の検索にヒットする可能性が高くなります。

もう少しテクニックを言うと、地域名や駅名は、最寄りを付ける必要はありません。少し離れていても、ネームバリューのある地域名や駅名を付けると、より検索にヒットしやすくなります。


あなたも経験ありませんか？

自分が住みたい地域の物件をネット検索していると、物件の住所から少し離れているのに、物件名に「代官山」とか「恵比寿」が付いていた経験が笑。

さあ、あなたもカッコいい物件名に変更して、ニヤニヤしながら、物件名の運気を上げましょう！

6

物件の維持・管理には、できるだけ費用をかけない！

ＤＩＹや自主管理は、費用をかけない究極の方法だといえます。でも、相応の労力がかかってくることは、前述した通り。

では、管理会社に委託しつつ、費用をかけない手法は無いのでしょうか？

答えは、「アリ」です。

次ページの写真を見てください。

あるＲＣマンションにある浴室の床をリフォームしたときの写真です。リフォームする前の床は、かなりボロボロで表面が剥がれ落ちてしまっています。リフォーム後はご覧の通り、めっちゃ綺麗です（当然ですが笑）。

さて、ここで問題です。このリフォームに係る費用はいくらでしょうか？

答えは、８０００円です。

before

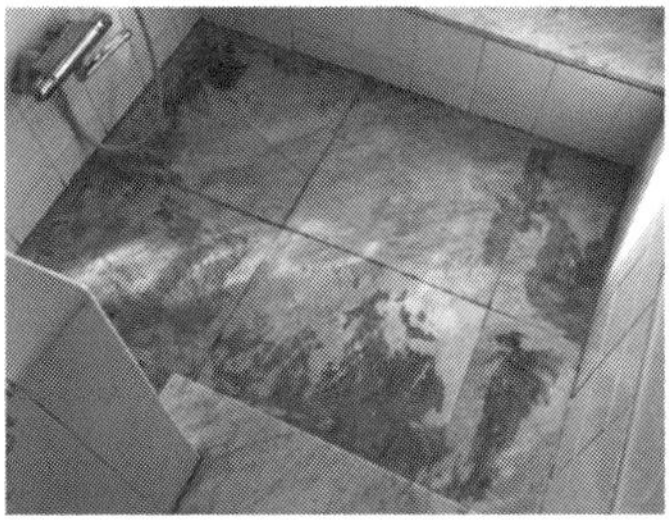

after

メチャクチャ安いですよね。業者さんを使えば、数万円はすると思います。通常の管理業者でも、丸投げすれば10万円は取られるでしょう。

では、どのようにリフォームしたのでしょうか？

簡単です。私が楽天で購入した８０００円の浴室床シートを管理業者さんに送り、管理会社さんに無料で貼ってもらったのです。

楽天で購入する手間はかかりますが、そんなの直ぐにできますよね。管理会社さんが無料してくれたのも、日頃のコミュニケーションやお歳暮などの積み重ねのおかげです。

ＤＩＹや自主管理なんてしなくても、少しの手間や出費で、大きな出費を抑えることが可能になります。しかも、「品質を落とさずに」です。

リフォームだけでなく、毎月発生する管理費も削減対象です。私の場合は、１戸当たり一律９８０円で管理してくれる管理会

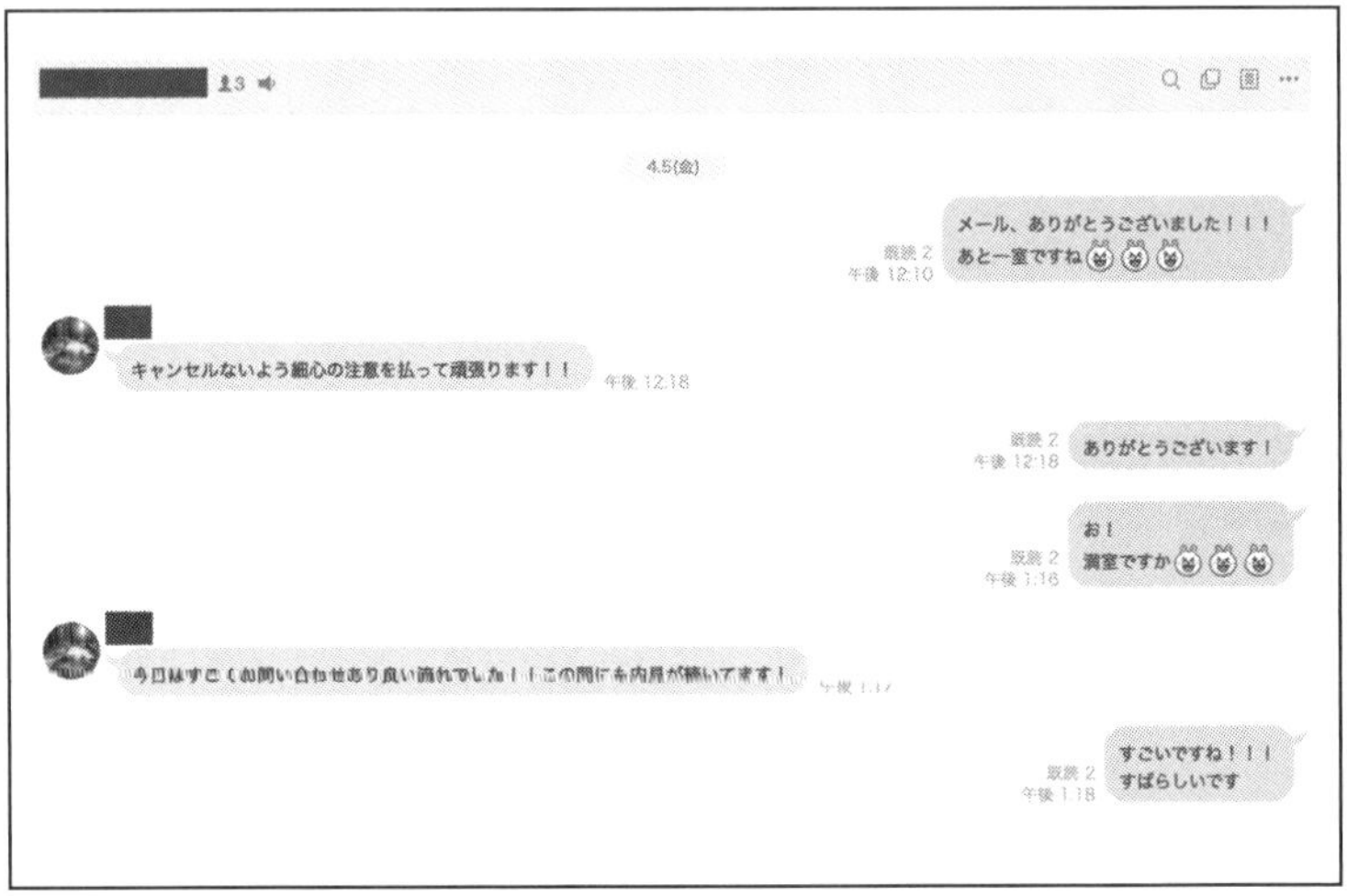

社にお願いしています。

管理費は、家賃の3～5％が相場です。例えば、5万円の家賃の部屋に対し管理費5％であれば、2500円（＝5万円×5％の管理費が発生します。

でも、私が委託している管理会社さんの場合は、どんな家賃であっても980円。

費用が、全然違いますよね。戸数が多ければ、その分削減額も大きくなります。結果、CFが大きく向上します。

しかもその業者さん、安かろう悪かろうではなく、リーシングも強いんですよね。

2019年3月末に引き渡しを受けた新築アパートが、4月の第1週には12部屋満室になりました。

右のキャプチャが、満室になったときのＬＩＮＥです。

文面にあるように、満室になった後も内見が続いているようでした。嬉しい悲鳴ですよね。

あ、ちなみに私はこの管理会社さんの回し者ではないですからね。ま、管理で相談を受ければ、オススメ管理会社さんとして紹介するとは思いますが笑。

話が脱線してしまいましたが、管理会社さん次第で、費用を抑えつつ、物件力を向上させることは全然可能です！

あなたも、安心して任せられる管理会社さんを、是非見つけてください。そうすれば、半自動で満室経営ができますよ。

7 ニーズに合わせて、時には大胆に変更する

「石の上にも三年」という格言があります。最初は大変でも、3年間ぐらい辛抱して続ければ成果が出るという意味です。

日々の仕事や、趣味のマリンスポーツの練習などでは必要な心得かもしれませんが、不動産投資においては不要な心得です。

空室に困っている状況で、何も手を加えずに3年間も空室が埋まるまで待つなんて言っていたら、笑われます。面白いことに、不動産投資家の中でも管理会社へのアプローチ、家賃改定やリフォームなどを行うことなく、ひたすら待つという人が多いので驚きです。

それで不動産投資は失敗だなんて言っていたら……。もったいないですね。

私はこのコロナ禍をチャンスだと捉えて、いくつかの部屋を住居用ではなくテレワークスペースやネイルサロンとして貸し出しました。正直、部屋をリフォームしたとか、家賃を下げたなんてことは全くしていません。むしろ、家賃はこれまでよりも上げています。

しかも、あっという間に契約が入りました。

不動産投資では待つだけではなく、時には大胆に用途を変更することも大切です。
今まで通りの住居用を謳うのではなく、変えたのは賃借人募集のときの文言だけです。

・Wi-Fi 完備24時間テレワーク可能
⇓ネット回線を引いておけばOK（NURO光なら格安です）
・ハーマンミラー社製のアーロンチェア完備で仕事に最適
⇓中古を1万円で購入！　定価は20万円超えの椅子！
・24時間換気可能なので衛生的
⇓お風呂が付いているので24時間換気可能
・オートロックと顔が見えるインターフォンで安心
⇓普通に最初から付いてますが笑

この文言を付け足しただけですが、ものすごい反響でした。

理由としては、オフィスやサロン向けの物件は、オートロックやWi-Fiなどの設備がなく簡素なものが多いのです。それに比べて、住居用のマンションは古くても設備が整っているものが多く、競合に対して優位性があります。

また、テレワークやサロンは、ひっそりとした、一見は普通のマンションの方が特別感が出て、顧客も好む傾向があります。こっそりと利用したいというニーズですね。

私のこの物件はどんな用途だと思いますか?

場所は札幌にある歓楽街です。

正解は、男性であれば一度は利用したことのあるサービス提供者の方が待機する場所です。出張の際に宿泊先に呼んだり、近くのホテルで利用したりと、ムフフな体験をした方も多いかもしれませんね笑。

その待機所としてオファーがあったのです。私は敢えて歓楽街を投資先にすることもありますが、その理由は普通の住居用ではないニーズが高まるからです。この部屋の場合、通常の住居用では家賃6万円ほどですが、待機所としての場合は8・2万円の家賃に上げることができました。

不動産投資は、用途に固執することなく、大きな視野でニーズを探ることが、投資家が最大の利益を享受できる最短の手法です。

札幌物件の外観

札幌物件の内装

第5章

horisin流
世間で
広めてほしくはない
節税・手残りアップ術

先生！　とある人から不動産投資でお給料が戻ってくるって聞いたんですが、本当ですか？

確かに、戻るには戻るけども、ちゃんと本質を見ないと痛い目に合うよ！　とある人って誰？

この前、オンライン飲み会で知り合った友人から、知り合いにすごいFPの人がいるから会わないかって言われて、ZOOMしたんですよ！　そうしたら僕みたいな年収の高い人は節税が可能で、毎年100万円ほどは戻ってくるって言うんですよ。しかも融資期間中ずっと！　さらに10年後は購入価格で買い取ってくれるって言うんですよ。

楽太郎くん……。それ……買取保証の話もそうだけども、節税の話も明らかにおかしい話だよ！

や、やっぱりそうですよね！　先生を試しただけですよ！　ははは笑。まだ契約はしていないですからね！　本当ですからね！　信じてくださいね。

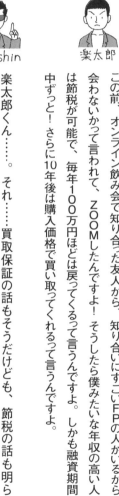

horishin　買わなくてよかったね！　資料見たけども、相場の1・5倍くらいの価格だよ！

楽太郎　えええぇ！　先生！　それを早く言ってくださいよ！　実は手付金として90万円払ってしまったんですよ。先生！

horishin　やっぱり！！　知り合いの弁護士に確認するから任せなさい！　節税に関しても、ちゃんとした方法で行えばしっかりできるから安心して！　支払った手付金くらいは節税で戻ってくると思うよ笑。

楽太郎　節税の還付金ではなく、90万円を取り返してほしいです！　なんとかしてくださいい〜!!泣

horishin　冗談冗談！　手付金も返ってくるようにするから大丈夫！　目が血走ってるよ！

楽太郎　だったら良かったですよ!!　90万円ですからね。先生！　よろしくお願いします!!

1 不動産投資の本質は、節税ではないことをまずは知る！

不動産会社の営業トークとして「節税で投資用不動産を買いませんか？」と言われた経験はありませんか？　実際、この営業トークを使う営業マンは非常に多いです。

このトークの具体的なメリットは「税金還付」です。結論から言えば、税関還付を受けても、売却時に支払う税金がその分増えるだけで、あなたがトータルで支払う税金はほとんど変わらないのです。

つまり、後でしっぺ返しを受けるわけですね。その理由を、今から説明していこうと思います。

オーナー側で、節税額を調整できる大きな項目は、「減価償却」です。「今節税したい」と思うなら、節税テクニックとして「減価償却を大きくする」のが王道です。

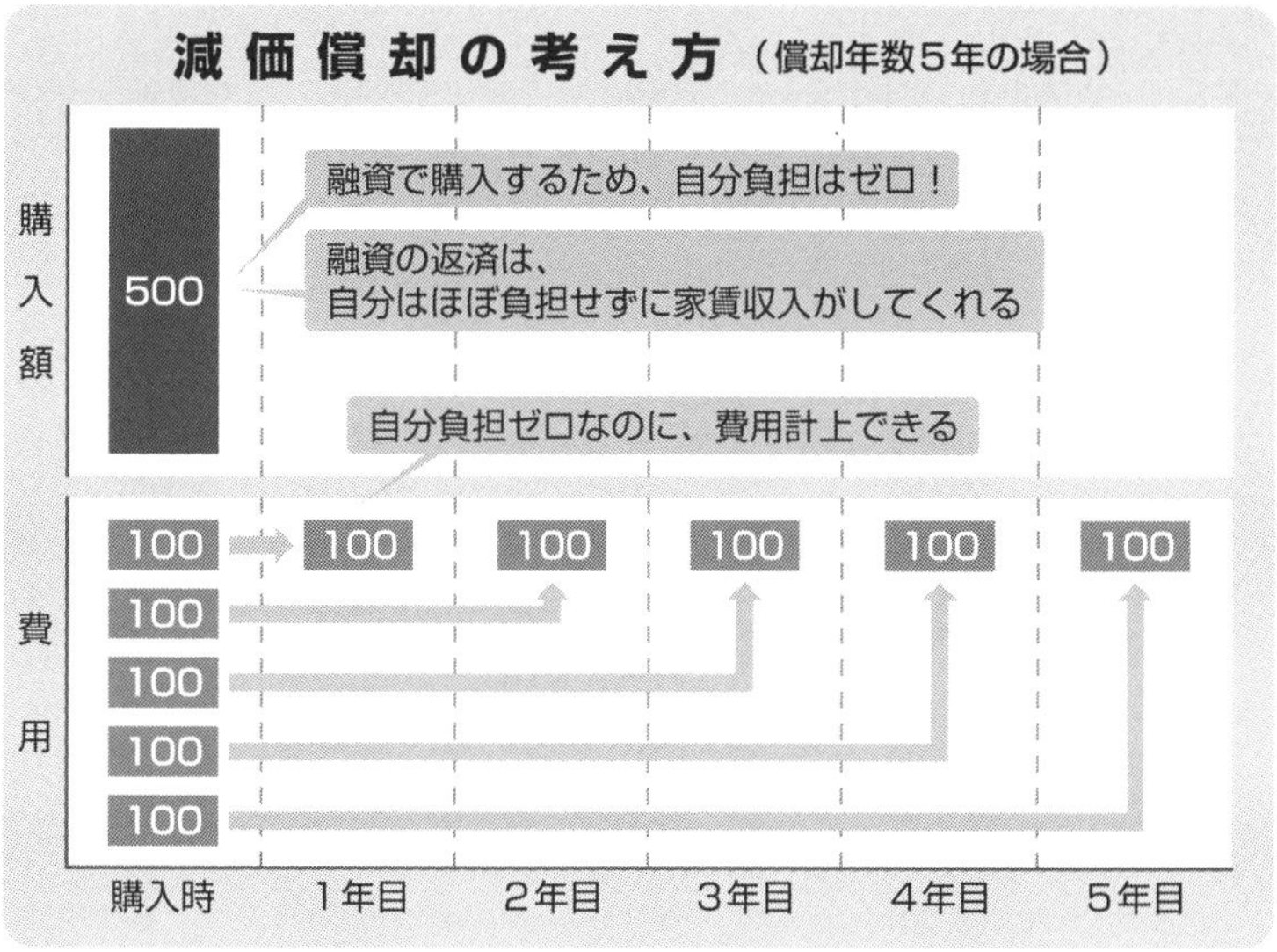

まず、減価償却の考え方を、簡単に説明しましょう。次の図を見てください。

例えば、物件の建物を５００万円の融資で購入したと思います。仮に償却年数が5年と仮定した場合、５００万円の１／５ずつ、つまり１００万円を、減価償却費として5年間毎年経費計上できます。この毎年定額で経費計上できる方法は「定額法」と呼ばれており、平成28年4月1日以降に取得した不動産（建物）については、「定額法」でしか償却できないようになっています。

しかも、この５００万円は融資で調達しているので、自己負担なく経費計上できる「魔法の経費項目」なのです。

不動産投資の場合、土地と建物を一緒に購入するケースが多いと思いますが、土地は償却できず、建物部分を償却していくことになります。そうすると、購入した不動産のうち、建物部分の金額を大きくすれば、償却できる金額が大きくなります。建物部分を大きくするためには、相対的に土地部分を小さくすればいいわけですね。その方法を説明しましょう。

例えば、次のような物件を購入したとしましょう。

・購入物件：東京都表参道の新築ＲＣワンルームマンション
・価格：５０００万円
・土地面積：２００平米
・総戸数：20部屋

土地と建物を合わせて５０００万円、このうち土地部分の価額を計算してみましょう。土地の価額評価には色々ありますが、ここでは「固定資産路線価」「相続税路線価」を採用してみましょう（各評価の説明は、ここでは割愛します）。表参道でこれらの価額を調べてみると、次のような値になります。

・固定資産路線価：120万円／平米
・相続税路線価：160万円／平米

土地価格を小さくしたいので、どちらを採用するかは、単価が小さい方を採用すればいいですよね。そうすると、土地の時価は、次のように計算できます。

・土地の時価＝120万円×地積×持分＝120万円×200平米×（1／20）＝1200万円

全体価格から土地の時価を差し引くと、建物の時価が算出できます。

・建物の時価＝5000万円－1200万円＝3800万円

一方、相続税路線価を採用した場合、建物の時価は3400万円となります。つまり、減価償却できる金額に400万円の差がでてくるわけです。その分、より節税できるようになりますよね。

さらに、建物は「建物本体」と「建物附属設備」に分解できます。償却期間＝法定耐用年数と定められていますが、ＲＣ構造の建物の法定耐用年数は47年、建物附属設備は15年となっています。

建物を「本体」だけとみなして償却することもできますし、「本体」と「附属設備」に分解して償却することもできます。

親切な業者さんであれば、不動産を購入した際の明細に、本体と附属設備の価額を記載していますが、記載していない場合も結構あります。では、記載していない場合にどうすればいいか？

顧問税理士に確認したところ、「本体：附属設備＝7：3」以下であれば、経験則的に認められるケースが多いようです。先ほどのマンションを事例に、この比率を採用して「本体だけの場合」vs「本体＋附属設備」で、減価償却費を比較してみましょう。

【本体だけの場合】

・減価償却費：３８００万円÷47年＝80・９万円

【本体＋附属設備の場合】

・本体部分の価額：３８００×（7／10）＝２６６０万円
・本体部分の減価償却費：２６６０万円÷47年＝56・６万円
・附属設備部分の価額：３８００万円×（３／10）＝１１４０万円
・附属設備部分の減価償却費：１１４０万円÷15年＝76万円

以上より、

・建物全体の減価償却費＝56・６万円＋76万円＝１３２・６万円

両者で、約52万円の差です。附属設備の償却期間は本体と比べてかなり短いため、その分単年の償却費が大きくなるからです。

ただ、15年を過ぎると、附属設備部分の償却が終わってしまうので、反対に16年目以降は、単年の償却額は本体部分だけになってしまいます。つまり、節税効果が小さくなってしまうわけです。

と、ここまで節税の方法ばかり書いてきましたが、冒頭のしっぺ返しの話（本論）に入っていきましょう。ちなみに、このしっぺ返しの話は、節税を謳う営業マンは絶対言ってきません。節税を売り文句にできなくなるからですね。

しっぺ返しは、売却時にやってきます。初心者によくあることですが、売却の利益について勘違いされている方が結構います。というか、営業マンの売却シミュレーションも、同じような記載になっているときがありますね笑。あなたも、次のように考えていませんか？

・売却の利益＝売却額－残債（残りの借金額）

これ、完全な誤りです。税務上の売却益（譲渡所得金額）は、ざっくり次のように計算されます（論点を分かり易くするため、簡略化しています）。

・譲渡所得金額＝売却額－簿価

売却額から引かれるのは、「残債」ではなく「簿価」なのです。では、簿価とは、何でしょうか？

ズバリ、「購入額から減価償却した分を差し引いた金額」なのです。つまり、減価償却するだけ、簿価が減っていくのです。

そうすると、節税のために減価償却を大きくしていくと、売却しようと思ったときに、簿価が大きく下がってしまっているのです。

そうすると、「残債がそれほど減っていないのに、売却益がとんでもなく大きくなってしまった！」という事態を招いてしまうことは、容易に想像できますよね。

なので、売却を想定している方は、「今、本当に節税すべきか」を考えて、節税していく必要があります。個人的な考えとして、年収900万円以上であれば税率が高くなるため、売却時に支払う税金を考慮してもトータルで支払う税金額が少なくなり、今節税するメリットは大きいと思います。

また、法人を作るという方法も選択肢に出てきます。そうすることで、より節税効果は高くなります。


一方、年収が900万円以下の人であれば、今節税することによるしっぺ返しを考えながら、節税していく必要があるでしょう。

ただし、保有し続けて売却を想定していないということであれば、話は別です。そもそも売却しないので、売却益を考える必要がないからです。そういうオーナーさんは、思いっきり節税しちゃいましょう笑。

2 償却期間は長くしても問題ない！

このタイトルを見て、ピンとこない人もいると思います。これは、築古の物件を購入したときに問題が出てくるケースがあります。事例を挙げて、説明していきましょう。

例えば、次のような物件を購入した投資家がいたとします。

・購入物件：耐用年数超えの築古木造物件
・価格：３０００万円
・融資期間：15年

耐用年数は超えていますが、減価償却できます。木造物件の法定耐用年数は22年なので、償却期間は次のように計算できます。

・償却期間＝22年×20％＝４・４年＝４年（小数点以下切捨）

つまり、耐用年数超えの木造物件は、「4年」で償却できるのです（期中で購入した場合は、実質5年間）。償却期間が短くなるため、1年当たりの償却額が大きくなりますが、5年目以降は、償却額はゼロになってしまいます。

これにより、どういう状況を招くのでしょうか？

ズバリ、「黒字倒産」です。これは言い過ぎかもしれませんが、「黒字倒産」する会社の状況に似通った事態を招いてしまうのです。

説明していきましょう。この物件、融資期間15年で購入していますよね。でも、減価償却が4年で終了してしまいます。そうすると、物件によっては、キャッシュフローはそれほど出ていないのに、減価償却できない分、税務上は利益が出てしまう可能性が大きくなります。

「利益が出てしまう」ということは、税金を支払う必要があるということです。これによって、さらにキャッシュフローを悪化させてしまいます。場合によっては、キャッシュフローがマイナスになる可能性も否定できません。そうなると、「黒字倒産」になる可能性も出てきてしまいます。それは避けたいですよね。

では、どうすればいいのか？

またまたズバリ、償却期間を長くすればいいのです。

先ほど、この物件の償却期間は「4年」と述べました。なのに、「償却期間を長くできるの⁉」という人もいると思います。

この「4年」は、あくまでも「最短で4年」であって、長くする分には何も問題視されません。4年より短くすると、単年当たりの償却額が大きくなりますよね？　その場合は節税額も大きくなり、税務署は問題視します。

一方、4年より長くすると単年当たりの償却額が小さくなり、納税額が大きくなります。税務署にとっては、「納税額が大きく」なる分については、問題視しないのです。

なので、私としてのオススメは、「返済がある融資期間と償却期間を合わせる」ことです。

先ほどの事例であれば、償却期間を15年にすればいいわけですね。ただ、単年当たりの償却額が小さくなるので、節税効果は小さくなります。

これを聞いて、「4年の償却期間が終わってからすぐに売却すれば良いじゃん」という人もいるでしょう。

でも、考えてみてください。

償却期間が終わるということは、前に述べた通り「建物の簿価がゼロ」ということです。売却益がとんでもないことになってしまいますよね。支払う税金もかなり大きくなります。

これでは、元も子もありません。

なので、無駄な赤字を作らず、「無理なく賃貸経営をできるように償却期間を延ばして調整する」ことをオススメします。

3

個人で家賃収入が増えてきたら資産管理法人を活用する！

個人で不動産を購入しているオーナーさんでCFが増えてくると、不動産事業で赤字を作れなくなってしまい、「結果として個人の所得が増えてしまった」という方もいるかと思います。

その場合、法人を新設し、家賃収入の一部を当該法人に流すことで、個人の所得を下げることができます。

この法人は、あなたの個人資産を管理する法人として「資産管理法人」と言われています。もちろん、法人で物件を購入して、法人自体が資産を保有する場合も「資産管理法人」に該当します。

「資産管理法人」でも、色々なタイプがあるわけですね。

ここでは、個人の所得を下げるための「資産管理法人」を紹介します。やり方としては、

「管理委託方式」と「サブリース方式」の2つがあります。

まず、「管理委託方式」から説明していきますね。その名の通り、個人で所有している投資不動産を、資産管理法人に委託管理させる方式です。

個人であるあなたが、自身が保有する不動産の賃貸管理を資産管理法人へ委託することにより、家賃収入の約10％を不動産管理料として法人へ支払うことになります。「賃貸管理を委託」するといっても、実際にやることは今までと変わりません。あくまでも、「そういう名目」で、個人に入ってくる家賃収入を資産管理法人へ流すというわけです。

この10％の考え方についてですが、あなたが管理会社へ委託料3％で管理委託していたとします。そうすると、資産管理法人へ流せる家賃は、「7％（＝10％－3％）＋消費税」となるわけです。

例えば、あなたの年間家賃収入が2000万円であれば、そのうちの154万円（消費税込）を法人に流せるわけですね。

「7％なんて小さいじゃん」と思う人、侮るなかれ。法人に流したお金は、個人と比べて利用できる幅がかなり大きくなります。

個人であれば、不動産賃貸経営に直接関わる範囲でしか経費計上できません。一方、法人になると、その経費の幅が広がります。

例えば、車を購入したとしましょう。購入額を減価償却として経費計上できますし、車をカーリースで調達した場合、毎月の支払が、そのまま経費計上できます。

続いて、「サブリース方式」について説明していきましょう。

この方式では、個人（あなた）から不動産を借り受けた法人が、一般の入居者に対して転貸します。法人が入居者と賃貸借契約を締結し、入居者から家賃を回収して、法人からあなたにサブリース賃料が支払われます。

つまり、法人は、空室あるなしにかかわらず、個人に対して毎月一定のサブリース賃料を支払う必要があり、空室リスクを負うため、管理委託方式よりも高い手数料を受け取ることができます。

相場として、家賃の15～20％を手数料として法人が受け取ることができるため、より多くの家賃を法人に流すことができるのです。

一方で、入居者からの家賃の受け取りや賃貸借契約は、個人ではなく法人となるため、一定の手間が発生するのも事実です。

その手間と手数料の見合いを考えて、「管理委託方式」にするのか「サブリース方式」にするのかを考えていく必要がありますね。

なお、法人の形態ですが、設立コストを考えると「株式会社」ではなく「合同会社」をオススメします。

合同会社は、法人機能としては「株式会社」とほぼ同じなのに、設立コストが「株式会社」の約1/3で済むからです。

4 空室が心配なら法人契約物件を買え！

昨今、企業が社員寮を自社で保有するところが少なくなってきている中で、福利厚生の一貫でワンルームマンションを社宅として借り上げる企業が増えてきています。

通常のワンルームマンション投資では、借主は個人であることが一般的ですよね。でも、借主が法人であることも結構あるのです。

つまり、社宅として活用する法人が借主となり、借り受けた法人は、自社の社員さんに対して社宅として貸し出すわけです。

大手のディベロッパーであれば、年間の供給戸数が他社よりも多いため、企業からの事前相談も多く、マンションを開発している段階でマンション全体の半分以上が法人の借り上げで占められることも少なくありません。

個人の平均入居期間が2～3年と言われている中で、法人契約はかなり長く、一般的に

10年～20年単位で賃貸借契約が継続します。

つまり、10年～20年の間、「空室リスクは限りなくゼロに近い」ということになります。

大手のディベロッパーの中でも、特に法人契約に注力しているところは法人契約が圧倒的に多く、「一棟全体が法人契約」というケースも結構あります。

不動産投資の初心者で空室が心配な人に対してサブリース契約を推奨する業者さんも多いですが、手数料が10～20％と高いため、収支が悪くなってしまいます。

一方、法人契約であれば、通常の管理委託費用のままで、サブリースと同様の効果を得られるのです。

なので、そういった法人契約に強いディベロッパーさんから購入する場合、サブリース契約をするオーナーさんは滅多にいません。ていうか、しても意味ないですよね笑。

ワンルームマンションに投資したいけど空室が心配！　というあなた、一度法人契約物件を検討してみてはいかがでしょうか？

ちなみに、一棟物件についても、管理会社のコネを利用して法人契約することも可能です。

会社の社宅として借りてくれるのは勿論のこと、マンスリー業者が借り上げてくれることもあります。

マンスリー業者は、オーナーから部屋を借り受け、家電付きで入居者に転貸する業者です。

そういった、法人やマンスリー業者にコネがある管理会社も一定数存在しています。

5 ある戦略を繰り返し実行すれば、家賃下落を回避しつつ、収支もアップする！

ディベロッパーの中には、ワンルームマンションの買取・再販を継続して提案してくれるところも存在します。

これが何を意味するか分かりますか？　オーナーさんにとっては、かなりメリットあるスキームなので、具体的に説明していきますね。

その業者さんからワンルームマンションを購入したオーナーさんは、5～10年のスパンで、定期的に物件を買い換えていきます。

具体的には、購入から5～10年後に保有物件を同じ業者さんに買い取りしてもらい、新築物件を購入していくのです。その5～10年後にも、同じことを繰り返していきます。

購入から5～10年経過すれば、残債もある程度減っており、数百万の売却益が期待できます（ちゃんとした業者さんから適正価格で購入していることが前提ですが笑）。

その利益を他の物件の繰上げ返済に利用するもよし、より高利回りの投資案件に投資することもアリですよね。

でも、「利益が出る」ということは、「税金も発生する」ということです。この税金がクセモノで「分離課税」のため、損金で相殺することができません。所得税と住民税を合わせると、税率は、短期譲渡であれば約40％、長期譲渡であれば約20％となります。長期譲渡の場合でも、売却益500万円であれば、100万円の税金が発生するわけです。無視できない金額ですよね。

この税制を考慮して、その業者さんが物件を買い取りする際は、敢えて利益がでない価格で物件を買い取り、利益に相当する額を次の物件の頭金に組み込んでくれるんですよね。

例えば、物件の（減価償却後の）簿価が2000万円で、本来の買い取り価格が2500万円とします。オーナーからすれば500万円の売却益が出るため、（長期所得であっても）100万円の税金が発生します。

そのため、その業者さんは2000万円で敢えて買い取りすることで、税務上の利益が出ないように調整してくれます。そして、本来あるはずの500万円の利益は、次の物件の頭金として充当されるわけです。

結果、オーナーにとっては、100万円の税金を支払うことなく、500万円の利益をフルに活用できるようになります。

次の物件は、500万円値引きされた価格で購入できるため、収支も改善します。次の物件が新築であれば、家賃下落リスク、設備故障リスクも回避できますよね。

同じことを繰り返していけば、5年~10年毎に、より安く新築物件が手に入るので、収支を改善しながら、家賃下落や設備故障のリスクも限りなくゼロにして、賃貸経営をしていくことができるようになります。

これは、ワンルームマンションオーナーにとって大きなメリットになります。これからワンルームマンションに投資しようと考えてる方は、こういうやり方もあることを頭の片隅に入れておいてください。

これに限らず、情報を知る・知らないで、結果が大きく異なってきます。人生をより良くするためにせっかく大きな買い物をするわけですから、オーナーさんには最大のメリットを享受してもらいたいですね。

第6章

horisin流 不労所得のための マインドを公開

楽太郎

先生！　友だちに不動産投資を教えようと思って話したんですが、めちゃくちゃ怪しく思われて……。詐欺だって言うんですよ。悲しいです。

horishin

楽太郎くんの友だちは、自ら教えてほしいと楽太郎くんに請いに来たのかな？

楽太郎

いえ。キャッシュフローが毎月10万円超えてきたので、他人に自慢したくなっちゃって。会社の同期に話をしたんです。自慢だけではなくて、そいつも一緒に不労所得つくってほしいって思ったんです。本心です！

horishin

楽太郎くんは、「現状維持の法則」って聞いたことないかな？　人は現状から変わることを極端に嫌う生き物なんだよ。

楽太郎

初めて聞きました！　確かに親とかも反対しそうだったんで、言ってないですもん。でも友だちは同世代だし、分かって欲しかったんです。

horishin

友だちの将来を考えるとは素晴らしいね！　でも「現状維持の法則」を考えたら、まずは教えるのではなくて、キャッシュフローを得て、楽太郎くんがどう変わったかを伝えるべきだね。

楽太郎

お金の余裕が出てきたので、自分に自信が持てるようになりました！　仕事のやる気もなぜか出てきましたし！　女の子にも積極的に声を掛けられるようになったんです！

horishin

そうそう！　そういうこと！　この自分の変化を、まずは友だちに伝えてあげるといいよ！

1

人の夢は終わらない！寝る前の新習慣「皮算用」

あなたはベッドに入って寝るまでに何をしていますか？　音楽を聞く、本や漫画を読む、YouTubeの動画を見るなど、様々なことをしていると思います。

ここでは、不労所得生活に近づくためのベッドに入ってからの習慣を、ひとつ伝授します。

それは、不労所得生活を「皮算用」することです。皮算用とは「とらぬ狸《たぬき》の皮算用」の略ですよね。「まだ実現するかどうか分からないうちに、実現を当てにして、あれこれ計画を立てること」で、あまり良い意味では使われません。

しかしながら、不労所得生活を本気で実現したいあなたは、毎日皮算用すべきだと私は考えます。私は社畜から抜け出したいと思ったときから毎日、皮算用をしています。相談者にも実践してもらっていますが、皮算用を始めると、不労所得生活までのスピード感が一気に早まるからです。

実は、この皮算用には科学的な根拠があります。「顕在意識」と「潜在意識」という言葉を聞いたことはないでしょうか?

「顕在意識」とは、例えばグルメ本を見て、気に入ったお店に行こうと決めて、予約をして、地図を見ながら行くことです。

「潜在意識」とは、「会社の帰りに仕事のことを考えながら何となく外を歩いていたら、自宅の前についていてしまった」と、こんな経験ないですか?

人間の意識のうち9割が潜在意識と言われており、願望実現、幸せの追求のためには重要なファクターであることが証明されています。この潜在意識についてもっと詳しく知りたい方は、『眠りながら成功する――自己暗示と潜在意識の活用』ジョセフ・マーフィー著(産能大出版部)を参照ください。

皮算用を毎日行うことで、不労所得生活へのアンテナの感度が高くなります。脳が不労所得生活を達成するように無意識で働き出すんですね。

「無意識なんて信じられない」とまだ疑っているあなた、無意識の運動は、あなたのカラダでは日常茶飯事です。

例えば、心臓は無意識で動きますよね。また、止めたくても止められません。止まったら死んでしまいます。心臓に限らず、内蔵全般もそうですし、熱いものを持った際の、とっさの防衛反応や火事場のクソ力も無意識です。

脳だけ例外というわけではないことが分かると思います。本気で不労所得生活の皮算用を実践すれば、脳が無意識で働いてくれるのです。

では、脳が無意識で働いてくれると、あなたはどんな恩恵を受けることができるのでしょうか？

それは「気づき」です。言い換えれば、「直感力」が磨かれます。

あなたは、こんな経験をしたことありませんか？

どうしても欲しい車があったとします。毎日毎日、カタログやネットで情報を調べていきます。街に出たときに意識していなくとも、その欲しい車が走っていたり止まっていたら、目に入りませんか？

皮算用でいっぱいのときの脳は、直感的に不労所得生活に関わりそうな情報に敏感です。情報の受け入れ態勢が整っているので、入ってきた情報を瞬時に判断して、使えそうな情報が入ってきたときは、脳の中でアラートが鳴ります。

「そうだ、これをやってみたらうまくいくんじゃないか‼」と気がつくのです。皮算用をしていない脳は、そもそも働いてないわけですから、受け入れ態勢が出来ていません。だから、脳は情報を全てスルーしてしまいます。

よくリラックスしてる時に良いアイデアが生まれるなんて言いますが、完全に間違っています。目標があったり、悩んでいて壁にぶつかっているときこそ、突然アイデアが降ってこないですか？「脳が無意識で働く」とは、そういうことなんです。

このように、脳が不労所得生活の皮算用を無意識でしている状態のことを、「スイッチがオン状態」と言います。

では、スイッチを常にオンにするには、どうすれば良いのでしょうか？　簡単です、不労所得生活を毎日想像すれば良いだけです。

夜、寝る前の新習慣として、不労所得生活が叶った自分の姿を「ゲヘヘへ」と想像しながら気持ち良く眠りにつく。たったそれだけです。

2

家族に相談するな! 相談相手は選択しろ!

あなたが何か大きな決断をするとき、誰に相談していますか? 進学先を決めるとき、就職先を決めるとき、結婚相手を決めるときはどうだったでしょうか。

「家族に相談する」という人も多いでしょう。しかし待ってください。その相談相手である家族は、あなたが選んだ企業の内情を知っていますか? あなたが決めたパートナーとお付き合いしたことがありますか?

ほとんどのケースで、答えはノーですよね。学校や会社であれば、多少なりとも可能性はありますが、結婚相手であれば、ほぼ無いでしょう。むしろ結婚相手が父親の元カノだったなんて……結婚しないですよね笑。

進学先であれば精通している学校の先生や塾の講師、就職先であればOBの先輩や学校の就職課の先生、結婚相手であればあなたのことをよく知る友人に相談するのが最適ですよね。

不労所得を本気で目指すのであれば、不労所得生活をしている家族に相談するのが一番ですが、家族がそうでないのであれば、相談相手は慎重に選ぶべきです。

では、あなたが実際に不動産投資をするとしたら、誰に相談したら良いでしょうか？

もちろん、実際に不動産投資から不労所得を得ている人に相談するのが一番ですね。

しかしながら、老後ではなく、50歳までに不労所得生活を達成している人となると、ほとんど見当たりません。国税庁のデータによると、年収2000万円以上のサラリーマンは1000人に4人です。不労所得となると、この割合よりさらに少なくなると容易に想像できるかと思います。あなたの周りを見渡してもいないのが、現実なのです。

では、あなたがこれまでの生活から抜け出して、不労所得生活を実現したいと考えるのであれば、誰に相談すべきでしょうか？

もちろん、不労所得生活の人が身近にいたら良いのですが、いない場合で考えてみましょう。不労所得生活を目指すのであれば、これまでの自分と同じ世界にいる人を選ぶべきではありません。

典型的な例として、仲の良い友人などは、今の日常に引き戻そうとします。「失敗するかもしれないから止めたほうが良いよ」と言われるのがオチです。これは、あなたのことを思いやっての行動ではありません。なぜなら、聞かれても知らない世界だからです。

成功の可能性よりも、知らない世界の怖さに目が行くんですね。似たようなケースとして、就職先を親に相談すると「公務員や大手企業を勧める親が多い」というデータもあります。親は、聞いたこともない企業に子供が就職することに不安を覚え、心配してしまうのです。

私は社会人になってから、何か新しいことを始めるときに親に相談したことがありません。不労所得生活の仲間の中には、未だに「サラリーマンをしている」と親に嘘を言っている人もいるくらいです。

ということは、あなたが進もうとしている世界にいる人に相談すべきですよね。

・あなたが、これまでリスクが大きいと思っていたことを成し遂げている人
・あなたには無い価値観を持っている人
・プライベートが充実している人
・あなたには無い専門知識を持っている人
このような人に相談することをオススメします。

また、配偶者に不労所得のための投資を反対される話もよく聞きます。さすがに親であれば相談なしで投資を進めても問題はありませんが、家計を一緒にする配偶者に相談なしで進めると、後々夫婦関係の悪化にもつながります。逆に配偶者の賛同が得られれば、相談相手が横にいるようなものなので、一気に不労所得生活は近くなることでしょう。

ここからは、配偶者（特に奥様）に賛同されるための方法を伝授します。「男は夢を語り、女は現実を見る」と言われるように、女性は男性よりも現実的な思考をしています。

そして、男性は論理的ですが、女性は感情的であると言われています。言わば、論理や理屈よりも、感情を優先するのが女性なのです。

この男女の思考の違いを知ることで、奥様ブロックを回避することができます。『なぜ夫は何もしないのか　なぜ妻は理由もなく怒るのか』高草木陽光著（左右社）の中で、「男性の夢は『仕事』と『お金』に関することが中心です。やはり、仕事で成功を収めることが、男性にとっての『生きる目的』であり『夢』なのでしょう」と語っています。

また、女性の思考については「理想的な人生の伴侶を得ることです。童話のなかに出てくるような白馬に乗った王子様と運命的な出会いをして恋に落ち、そして結婚をし、愛する人の子どもを産み、お城のような家に住みながら、夫に愛されつづけて一生仲良く暮らしていけることが女性の夢の『基本』です」と述べています。

これらのことから導き出されるのは、あなたが常に白馬の王子様であり続け、さらに不労所得生活を達成するためには、具体的に何をしていったら良いのかを奥様に説明することです。不労所得生活になれば、どんな素晴らしい生活が待っているのかを感情的に語りましょう。お姫様であり続けたい奥様は、立派な家で、あなたとあなたとの子供と、長い時間を一緒に過ごしたいのです。

具体的なステップを紹介します。

ステップ①夫婦のコミュニケーション頻度を上げる
ステップ②今の家計の現状を一緒に把握する
ステップ③家族の理想の将来をイメージする
ステップ④理想の達成のための具体策を考える
ステップ⑤投資のリスクを一緒に考え出す
ステップ⑥リスクヘッジ方法を考える
ステップ⑦家族の理想の将来をイメージする

ポイントは、女性は白馬の王子様が大好きなこと。あなたが白馬の王子様に徹すれば、壁を必ず打ち破ることができます。

あなたは取引先の受付嬢が気になったり、タイプの新入社員に心が奪われているかもしれませんが、ここは不労所得のための我慢です。

奥様の白馬の王子様に徹してください。不労所得が得られれば、その後はあなたのご自由に笑。

3 労働は美徳という考えを捨てる

日本の税収では、労働者（法人含める）から得られる「所得課税」と、モノ・サービスの消費に係る「消費課税」が全体の85％を占めます。

ということは、一生懸命汗水垂らして働いているサラリーマンが日本を支えているわけです。給与から無意識のうちに天引きで税金を取られるサラリーマンは、格好の税収源となるのです。

この天引きを可能としているのが、「源泉徴収」です。私たちサラリーマンは、毎月の給与から、所得税や住民税などが差し引かれます。そして、「年末調整」で払い過ぎた税金が戻ってくるため、表面上は税金の煩わしい手続から解放してくれる便利な制度に見えます。

一方、アメリカでは、サラリーマンであろうと自営業者であろうと、みんなが確定申告をするため「アメリカ人は税金に対する意識が高い」という話を聞いたことはないでしょうか？

実はそのアメリカでも、給料から税金の源泉徴収はされています。でも、アメリカでは、源泉徴収で払いすぎた税金を取り戻すには、「確定申告」する必要があります。

日本では、申告に代わる簡易な手続として、勤務先である会社が「年末調整」をやってくれますよね。マイホームを買ったとか、医療費が多くかかったとか、特別な事情がない限り、確定申告する必要はほとんどありません。

そういった日本特有の「源泉徴収＋年末調整」という制度が、私たちから税金の仕組みを知る意欲を阻害しているのです。

日本でも、全員が毎年確定申告する必要があったとしたら、税金の仕組みをもっと知りたいと思うし、納税額も自覚するようになるはずです。

かくいう私も、サラリーマン時代で不動産投資を経験していない頃は、源泉徴収票を見ても、手取り額しか気にせず、「たくさん引かれているな〜」くらいの意識しかありませんでした。

これまでサラリーマンをしてきたあなたは、どうでしょうか？　自分の支払っている税金額を詳細に把握していますか？

ストレートに言うと、ちゃんと把握している人は、ほんの一握りではないでしょうか？仮に把握していたとしても、「税金を取り返す」という意識を持っているでしょうか？

私は、「NO」という人が、9割以上占めると思っています。

この現状は、税金を徴収する側である国にとっては、好都合としか言いようがありません。税金を漏れなく、しかも多めに徴収できるわけですから。

そうすると、税金に関心がなく、縁の下の力持ちであるサラリーマンが日本からいなくなったとしたら、日本という国は成り立たなくなってしまいます。

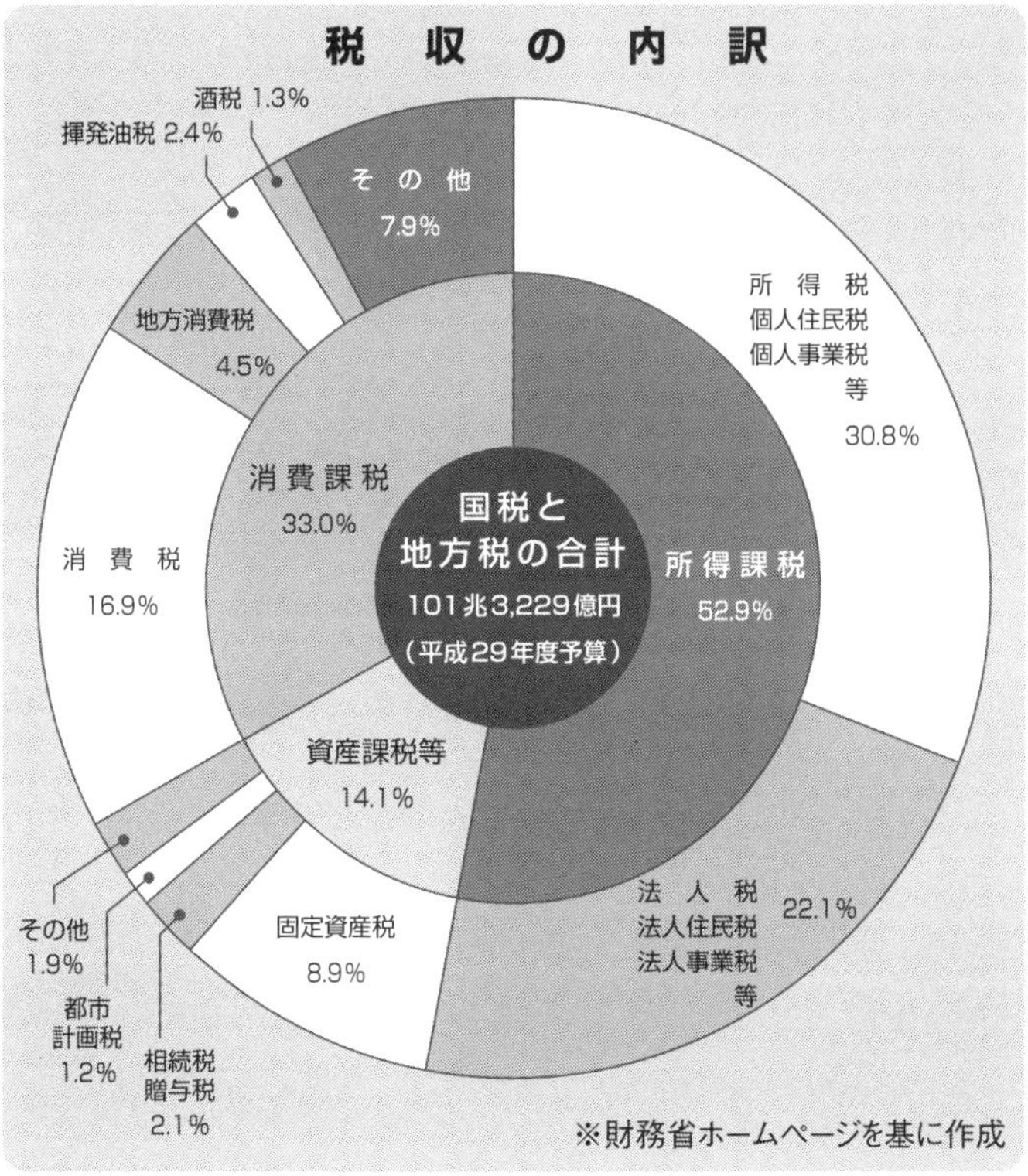
税　収　の　内　訳
酒税 1.3%
揮発油税 2.4%
その他
7.9%
所得税
個人住民税
個人事業税
等
30.8%
地方消費税
4.5%
消費課税
33.0%
国税と
地方税の合計
101兆3,229億円
（平成29年度予算）
所得課税
52.9%
消費税
16.9%
資産課税等
14.1%
法人税
法人住民税
法人事業税
等
22.1%
固定資産税
8.9%
その他
1.9%
都市
計画税
1.2%
相続税
贈与税
2.1%
※財務省ホームページを基に作成

間違いなく日本は、税金に無関心で勤勉なあなたの「労働」に支えられているわけです。
そういった背景から、日本では「労働することが美徳」という思想が、幼少期から教育を通じて植え付けられています。

あなたも、学校教育で「働くことが素晴らしい」と、無意識のうちに教わってきました。みんなと同じように真面目に授業に参加し、みんなと同じように宿題を期日までに提出します。

そうです。「集団行動」の美徳化です。みんなと同じように行動することが、教育現場では褒められます。少しでも他の子と違うようなことをするものなら、否定が待っています。

その「集団行動」の美徳化の延長線上に、「労働」の美徳化があります。みんなが就職するから。みんなが働くから。みんながサラリーマンになるから。

面白い説があります。「ルールを守るドイツ人。みんながやってるからと言って合わせる日本人」です。

ドイツ人はルールに従って行動します。一方、日本人はルールに従っているようで、実はルールを守ろうとしているのではなく、周りと同じようにしなきゃ！という心理で動いている場合が多いと言われています。

例えば、「あの薬よく効くんだよね〜」と聞けば、「みんなが良いって言っているのだから、良いんだよね！」と、何も調べずに良いものだと決めつけるのが日本人。一方、ドイツ人の場合は、周りが良いと言っていても調べます。

さらに例を挙げて、吸ってはいけないのに路上でタバコを吸う人がいたとしましょう。ドイツ人なら、「ここで吸ってはいけないルールなので、違う場所で吸ってください」と言いますが、日本人の場合は「誰もここで吸ってませんよ？」のような注意のし方になります。

日本人の「みんなの意識」の最たるフレーズがあります。「赤信号、みんなで渡れば怖くない」笑。このフレーズ、あなたも聞いたことありませんか？

「みんな○○するから、私も○○する」。これは一種の洗脳です。その洗脳状態では、「みんなが労働するなかで、私は労働しない」となると、周りから白い目で見られる気がしませんか？

つまりあなたは、「労働しないことは悪いことだ」と、洗脳されているのです。GWなど休暇が長すぎると、何か働いていないと悪いことをしている気になっていませんか。

欧米人であれば、長期休暇でリフレッシュして、「リフレッシュしたし、さあ仕事がんばろう！」となります。一方、日本人であれば「なんか働いていないと落ち着かない」あるいは「連休明けの仕事は気が重い」と言う人が多いですよね。

この状況を見ると、「本当は労働したくないのに、労働＝美徳という潜在意識の中でもがいている日本人」を見てとれます。

まさに、「労働＝美徳」という洗脳から由来する罪悪感ですよね。

難しい計算式などは割愛しますが、不労所得の鉄板である「不動産所得」と「株の配当所得」は、世界的に見ても日本は税金が優遇されています。1億円超の日本における株の売却益に対する税金は約20%で、フランス60%、アメリカ約30%、イギリス約28%と、先進国の中でかなり低い水準です。不動産所得に関しても、法人を活用すれば、優遇は他国を圧倒しています。

ということは、多くの人が不労所得生活に移行してしまうと、日本の税収を支える労働者が相対的に少なくなり、税収が大きく低下してしまいます。それでは、日本政府としては大いに困るというわけです。「できれば不労所得者は少なくしたい」のが実情でしょう。

ここまで述べた背景から、「不労所得＝悪いこと・ずるいこと」とイメージが付くのは国策であり、仕方がないことですよね。

中小企業診断士という資格柄か、私は経営者と関わる機会が多いのですが、経営者も同じように「労働＝美徳」というような洗脳を、社員に対して常日頃行っています。

それはそうですよね。従業員に安い給与でたくさん働いて欲しいのが経営者の考えですから。

「働き者はすばらしい」と、よく働く(サービス残業をする)社員をほめ讃えて洗脳します。

かつて私も、まんまとこの罠にハマっていました。毎日のように終電近くまで残業して、土日も家で資料作り……。サービス残業が当たり前のような状態でしたし、社内の雰囲気もサービス残業して当然でしょうという空気でした。長時間働く、プライベートを犠牲にできる人がすごい！と言わんばかりでしたね。

しかし、頑張っても頑張っても、給与が大きく増えることはないですし、上司が変われば評価はコロコロ変わるため、肉体的・精神的な辛さが増していくだけでした。

と、日本政府や会社と利益相反するため、世間的なイメージはあまり良くない不労所得ですが、本書を手にとっているあなたは、不労所得生活に対する願望が少なからずあると思います。

「労働＝美徳」という、日本政府や会社にとって都合の良い洗脳を、まずは外しましょう。

ここまで読み進んでいるあなたであれば、洗脳は外れかけているかもしれません。でも、事あるごとに、この洗脳と社会が、あなたを不労所得生活から遠ざけようと働きます。

皮算用の下りで潜在意識の話をしましたが、「労働＝美徳」が無意識に刷り込まれています。この刷り込みは、あなただけではなく、義務教育を受けた全国民に対して行われています。

不労所得のための行動をしようとすると、
・同僚から飲み会の誘いがきてしまった
・有給休暇を取ろうとしたら、上司に嫌味を言われた
・家族に相談したら、意味もなく怖いからと止められた
などなど、外野という社会から邪魔が入ります。

毎日同じことを繰り返している人は、まだ見ぬ未来に歩もうとする人を心から祝福し、肯定的に見ようとはしません。表面上は祝福していたとしても、心の底では「どうせ失敗するのに」と思っているだけです。

自分の属する組織や社会での過去の小さい栄光に満足して、新しいことに否定的な人をよく見ます。理由は、「現状のままでいること」がラクだからです。

会社の上司・先輩が、過去の仕事の武勇伝を語ったり、友人から異性関連の自慢話を聞いたことはないでしょうか？　その上司・先輩や友人に対して、あなたが進もうとする未来の不労所得の話をしたらどうなるでしょうか？

間違いなく、否定・敵視されるでしょう。「労働＝美徳」の洗脳は、現状維持を肯定し、あなたを会社や仲間内から抜け出させないための仕組みでもあるのです。

また、あなた自身が、あなたを止めるケースもあります。

・友だちが減りそうだな
・毎日の生活リズムを変えたくないな
・何となく怖くなった

と、「労働＝美徳」の洗脳を外そうとしても、潜在意識が邪魔をします。

実際には、
・友だちが減りそうだな
⇓新たな不労所得を目指す友だちができる
・毎日の生活リズムを変えたくないな
⇓変わらないどころか、時間にゆとりある生活になる
・何となく怖くなった
⇓やってみると全く怖くなかった
となるわけですが、現状をどうしても維持したくなるのが人間の脳のメカニズムなので、仕方ありません。

なかなか洗脳が外れない人は、不労所得生活をしている自分を想像して、ノートや紙に書いてみましょう。あなたは、毎日のスケジュールでどんなことをしているでしょうか？
「不労所得＝悪いこと・ずるいこと」から「不労所得＝良いこと・誰でもできること」に、脳内変換しましょう。

あなたは、社会や会社のために、命を削りながら労働する生活をしたいですか？
それとも、自分らしく自由な生活をしたいですか？

4

変われない自分を責めない

「不労所得生活を送りたいけど、なかなか重い腰があがらない」という人は多くいます。

変わろうと思っても、

・動こうと思ったら、友だちから遊びに誘われてしまった
・時間を作ろうとしたら、上司から仕事をたくさん振られた
・本を読もうとしたら、奥さんに家事を手伝えと言われて読めなかった
・勉強しようと思ったら、つい YouTube を見てしまった
・図書館に行こうとしたら、パチンコ屋に吸い込まれた
・仕事帰りに勉強しようと思ったら、飲み屋の客引きに連れて行かれた

などなど、頑張って変わろうとしても、なかなか上手くいかないことがあるかと思います。

一度止まってしまうと、

・自分には、不労所得は向いていない
・オレが駄目なんだ
・不労所得生活を夢見て、ごめんなさい
・不労所得生活なんて、金持ちしかできない

などと、自分を責めたり、最悪の場合には不労所得生活を否定するようになります。

しかし、変われない自分を責めないであげてください。このようになるのは、言ってしまえば当然のことなのです。

現状から変化しようとすると、人はいつもと同じ生活を繰り返そうとする心理が働きます。このことを、心理学では「現状維持の法則」と言います。

この現状維持の法則は、「決定回避の法則」「損失回避の法則」「保有効果」という3つに分解できます。

1つ目の「決定回避の法則」は、プリンストン大学の行動経済学者であるエルダー・シャフィール博士が提唱しました。人は「4つ以上の選択肢があると、逆に選べなくなってし

まう」という心理効果です。

飲食店をイメージすれば分かると思います。メニューが多すぎるお店だと、悩んだ挙げ句に決められなくなる経験がありませんか？　なので、売れている飲食店は、本日のオススメやセットＡＢＣのように、予め選択肢を絞らせます。サラリーマンのあなたも、数を絞って松竹梅で提案したり企画した経験があるかと思います。

不労所得の方法といっても、本書だけではなく、様々な手法や成功者がいます。誰を師事するのか、どの手法で不労所得を得ようかと考えているうちに、選べなくなり、今までどおりの生活に戻るんですね。

では、どうしたら良いでしょうか。答えはシンプルです。「選択肢を減らす」だけです。

不労所得の方法が多いのであれば、まず1つに絞る。本書を参考にするのであれば、不動産投資に絞るということです。

2つ目の「損失回避の法則」は、アメリカの心理学者、行動経済学者であるダニエル・カーネマン博士が提唱しました。人は無意識に、得することよりも損することを避けようとする心理効果です。

分かりやすいように、あなたに3つの質問をします。

【質問①】

A：1万円を、無条件でもらえる

B：2万円を、½の確率でもらえる

あなたなら、どちらを選びますか？

ほとんどの人は、無条件でもらえるAを選びます。確実が一番と無意識に判断するわけです。銀行にお金を預ける人が多いのは、この心理ですね。少なくても良いから確実にもらえる金利を求めるわけです。年利0・001%でも……。

【質問②】

A：100万円の借金が、半分になる

B：100万円の借金が、確率½で帳消しになるあなたなら、どちらを選びますか？

質問①で確実なAを選んだ人なら、②でも確実なAと答えそうですが、多くの人がBを選ぶ傾向にあります。借金（＝損失）が残るのは避けたいと考えるため、リスクがあっても借金をゼロにしたいのです。

【質問③】

A：コイントスで表が出たら、3万円もらえる
B：コイントスで裏が出たら、2万円支払う
このコイントスゲームに、あなたは参加しますか？

損得のバランスで考えれば、明らかに得が上ですよね。確率論で言えば数回参加すれば得しかありません。それでも参加しない人が多数となります。損への恐怖はそれほど強いんです。1円でも、人は損したくないのです。

不労所得を考えた場合、どうしても原資となるお金や不動産であれば信用（ローン）が必要となります。この「お金が1円でも減らしたくない」という心理が働くため、行動し

ようとしても、他のことをしてしまうのですね。

この心理は、人が狩猟生活をしていた時代からあったと言われています。外に出て野獣に襲われるくらいなら、外にりんごがあったとしても取り行くのは辞めておこうと、反射的に損失リスクを遠ざけていたようです。

では、損失回避の法則を打破するには、どうしたら良いでしょうか。損失を、お金だけで考えるのではなく、広く捉えてみましょう。

不労所得生活ができれば、
・家族との時間が増えて、家族が喜ぶ
・趣味のサーフィンやスノーボードに時間を当てられる
・嫌な上司がいる会社に行かなくて良い
・お金を気にしないで最高のサービスを受けられる
などなど、お金を減らさずに持っているだけでは、不可能な体験や経験が可能となります。まさに思い出はプライスレスですね。ストレスもなくなるので、健康面も良くなるでしょう。

このように広く捉えると、お金の損だけではなく、時間、体験、健康、喜びと、様々な損を回避したくなるはずです。ということは、不労所得生活をするしかないわけですね。

3つ目の「保有効果」は、アメリカの経済学者であるリチャード・H・セイラーによって提唱されました。自分が所有しているモノに高い価値を感じて、それを手放すことに抵抗を感じてしまう心理現象です。

あなたには今、お気に入りの腕時計があったとします。購入価格で売って欲しいと言われて売る人はいないでしょう。自分が所有しているモノに高い価値を感じているからですね。

これはモノだけではなく、社会的な地位も同様です。不労所得を目指すために時間を割いたとしたら、今の会社での地位が危うくなると思ったり、会社員を辞めるよりも不労所得生活は価値があるのだろうか?と、不労所得生活の価値を相対的に低く見るようになります。

では、保有効果を回避するには、どうしたら良いでしょうか。現状のサラリーマン生活に匹敵するくらいの時間、不労所得のための勉強や行動ができればベストですが、なかなかそうもいかないですよね。

そこで重要なのが、「師」の存在をつくることです。あなたも、会社や部活で尊敬している先輩にアドバイスをもらって、行動が変わったことはありますよね。

保有効果に飲まれそうになったら、尊敬している師に連絡して、引き戻してもらうことが大切です。

いかがでしょうか。

心理効果が働くと、一歩を踏み出せないのは当たり前です。自分を責めないであげてください。あなたが原因ではなく、人間の行動心理の問題です。

しかしながら、回避方法を知ったあなたであれば、突破できます。自信を持ってください。絶対に大丈夫です。

6 夢を一緒に見て、そして語り合う仲間をつくる

「ワンピース」では麦わらの一味、「スラムダンク」では湘北高校バスケ部、「キングダム」であれば飛信隊と、マンガには一緒に夢を見る仲間が必ずいます。

それぞれの仲間の共通項はなんでしょう?

答えは、それぞれが固有の強みを持っているということです。

スラムダンクを例にすると、
・センター赤木剛憲:土台作り(縁の下の力持ち)
・シューティングガード三井寿:知性ととっておきの飛び道具
・ポイントガード宮城リョータ:スピードと感性
・スモールフォワード流川楓:爆発力と勝利への意志
・パワーフォワード桜木花道:リバウンドとガッツ

一人として、強みが被っていないですよね。

私も投資仲間がいますが、それぞれ特徴的です。好みの投資商品も変わります。ＦＸや株で生計を立てている人もいますが、ズボラな私には到底真似できません。しかし、その人はＦＸや株で成功しています。その人曰く、独自の呼吸法があるようです。

店舗オーナーで、不労所得を得ている仲間もいます。いかに優秀な店長を見つけるかが全てと豪語しています。人の性格を見抜くのが苦手な私では、到底真似できない不労所得方法です。

私とは全く異なる考えや、価値観、知識、世界を見てきた人たちです。一緒にいると、新しい発見や、別の角度から物事を捉えられるようになります。

アパートの利回りをさらに上げる方法を思いついたりもします。店舗のオーナーである仲間との会話から思いついたのが、アパートの都市ガスからプロパンガスへの切り替えです。これにより、アパート設備が無料になるばかりか、毎月料金バックで追加収入を得られるようになりました。

第4章でお話した内容ですね。不動産オーナー仲間では、給湯器具が無料になるのはポピュラーでしたが、料金バックまでは気がつきませんでした。ガスをよく使う店舗ならではの情報ですよね。これだけで、利回りが変わりますからね。

自分とは異なる仲間を見つけて、大いに夢を語らいましょう。

第7章

コロナでもラクして稼ぐ！horishinによって人生変わった愉快な仲間たち

楽太郎

先生！　ついにキャッシュフロー25万円達成しました！　ありがとうございます！

horishin

楽太郎くん！　やったね！　これで目標達成だね！　ここで投資は終了かな？

楽太郎

いえ！　まだやめません。もっと不労所得を作っていきます。お金増えるのって楽しいですね！　あと、なぜか仕事も楽しくなってきて、つい先日も最年少で出世したんです！　出世したら、怪しんでいた同期が、自ら不動産投資を教えてくれって頼み込んで来たんですよ！

horishin

すごいじゃないか！　これからは楽太郎課長って呼ばないとだね。それはさておき、楽太郎くんは、これからはどんどん人に学んだことを教えていってね！　私の夢は、人生を謳歌している人を一人でも多くつくることなんだ！

楽太郎

僕も、先生の夢を一緒に叶えたいです。先生に出会わなければ、仕事も恋愛も、全てにおいて中途半端で終わってましたからね……。今では理想の家庭像も明確になりました。先生には感謝しかないです。

horishin

そう言ってもらえると涙が出てくるね。嬉しいよ！　一緒に不安を抱えている人の人生を変えていこう！　特に現在は不安定な世の中だ！　そんな時こそ、我らの出番だね！

楽太郎

やりましょう！　あと、お願いがあって僕の名前「楽太郎」じゃないですか。なんかもっと良い名前ないですかね？　先生は、不動産の名前もカッコいいの付けてたから。

horishin

改名は得意だよ笑。「ネクストステージ太郎」はどうかな？　君が関わった人が「次のステージ」に行くっていう意味だよ！

楽太郎

ちょっと長い気もしますが……。先生の言うことなんで、信じてやってみます！

最終章では、ぶっ飛んだ行動をしている私の仲間を紹介していきましょう。なかなか興味深い投資家ばかりです笑。

一人目

既婚者なのに女子社員にモテまくり

ソニー太朗氏（42歳）奈良県在住

■プロフィール

会社員。年収800万円。K西大学卒。既婚。子供3人（別居）。学生時代はサッカーに熱中。現在はオンラインゲームのサッカー大会を仲間と定期的に実施。6年前から不動産投資を開始して、現在はワンルーム3戸、アパート3棟、太陽光2基、その他金融商品。不労所得年収1200万円。投資総額4・2億円。

■自己紹介

ソニー太朗と言います。ちなみに現在は3年前に中小企業に転職したので、ソニーには在籍していませんせん笑。私の今があるのは社会的な属性を頂いたソニー様のおかげという意味をこめて、「ソニー太朗」と名乗っています笑。2年前、満足のいく不労所得を達成したので、現在は自由度が高い中小企業に転職しました。現在は管理職についています。趣味は、こういう時代なので、オンラインゲームのサッカーと一回り以上若い新妻とキャンプに行くことです。

■不動産投資と出会うまでの自分

大学までサッカー三昧の日々でしたが、大学卒業からソニーに就職して、それなりに仕事をしていました。他でお金を稼ぐことの発想すらなく、漠然と将来、老後の不安をもっていました。さらに結婚を機に、小遣い制となってしまい、何かできないかな?という思いの中で、FXなどリスクの高いギャンブル的な投資に手を出してお小遣いがなくなる、という生活でした。

ぶっちゃけお金が欲しかったのは、女の子と遊びたかったからなんです。結婚したら、今のままでいいのかな?とか、人生一度きりだから女の子と遊びたいと強く思うようになったんです(すいません笑)。同僚と飲んでいても、大概は社内の女の子に手を出した先輩がいたとか、あそこのカップルは社内不倫しているとか……。正直うらやましかったんです。キャバクラだとお金がかかるし、恋愛ではないんですよね。普通に既婚者ですが、ドキドキした恋愛がしたかったんです。

■不動産投資と出会ってからどのように変わったのか？

不動産投資を初めて知ったのは、6年前に会社の同期がワンルームマンション投資をしていると話を聞いて、業者さんを紹介してもらったのがきっかけです。合計で3部屋購入して、保険の見直しや節税効果もあって給与の手残りは増えました。しかし、お小遣いは増えなかったですね。毎月3万円でした。節税分はこっそり自分の銀行口座に入れていましたが笑。

たしか2016年だったと思うんですが、horishinさんのブログを偶然ネットで見つけたんです。当時は「NextStage」というブログをされていました。同じサラリーマンで、ワンルームマンションからはじめて一棟不動産で成功されていました。この人に教えを請おうと、思い切ってメールしたんです。horishinさんは丁寧に返信をくれて、その後に電話しました。写真からちょっとゴリゴリ系かな？と思いましたがめちゃ真摯でした。地元が近いことでも盛り上がり、その次の週には会いに東京まで行きました。その後はお察しの通り、horishinのアニキに弟子入りし、優良物件を所有するに至ります。

horishinのアニキから妻にバレずにお金を管理する方法を教えていただき、そのお金を握りしめて積極的に部下を食事に誘うようになりました。その結果、一棟不動産を所有して3ヶ月後には部下が彼女になりました笑。恋愛は最高に楽しいですね。

学生時代に不完全燃焼だったので、サラリーマンになってから青春を取り返すことができました。お金があったからこそのプライスレスな体験ができるわけです。その後、調子に乗った私は社内の違う部署の女子社員を食事に誘います。そうしたらですよ、なんとこちらもお付き合いOKとのこと。両手に花状態になりました。

ゲスな話でしたが、最高の人生を謳歌しています。これもすべてはhorishinのアニキの、そして不動産投資のおかげです。今は会社でやり過ぎたのと、もっと自由な時間が欲しくて転職しました。今は時間もできたので最幸です！

ソニー時代の同期が妻なのですが、変に会社の内情詳しかったので、それも嫌だったんですね。今は違う会社で分からないので、出張とか接待だとか言ってやりたい放題です。

追伸：2019年の秋に前妻とは離婚しました。取引先の受付に好みの子がいたんです。昔なら声を掛ける勇気もなかったのですが、不労所得を得て絶好調な自分ですから、アプローチしたんです。そうしたら、向こうも満更ではないようで、そういう仲になるのに時間はかかりませんでした。コロナの状況もあり、本当に守るべき相手は誰なのか？考えた結果、2020年6月にめでたく入籍となりました。これからは妻と楽しくアウトドアデートを楽しみます。

■不労所得を目指す読者へのメッセージ

私のように、なんとなく周りが結婚しているから、結婚してなんとなく家族のためだとか言って仕事をしている人は多いと思います。事実、ソニーには私と似たような境遇の人がたくさんいました。お金がないから離婚する気にもなれないし、現状を変える元気も出ません。でも、不労所得を得るようになると自分に自信が湧いてきます。自信が出てくると、活力が出ます。活力が出ると、自分の夢に向かって動けるようになります。夢に向かって動き始めると、楽しいことだらけです。

あきらめないでください！　人生は本当に楽しいですよ。

二人目

クラブDJ！　VIP席でウハウハ

佐々木氏（55歳）福岡県在住

■プロフィール

会社員。年収800万円。高卒。独身（バツイチ）。子供2人（同居ではない）。趣味は5年前から始めたクラブDJ。毎夜バーチャルクラブイベントに勤しむ。10年前から不動産投資を開始し、現在はワンルームマンション10戸。ファミリーマンション1戸。不労所得年収620万円。投資総額1・5億円。

■自己紹介

DJキササです！　18歳で自動車メーカーの工場勤務から始まり、現在は自動車ブレーキの品質管理部門に所属しています。ディスクブレーキを回している内に、クラブでディスクを回したいと思う気持ちが募り、5年前にAmazonでDJセットなるものを5万円ほどで購入して、DJキササが誕生しました。有給を使って東京のイベントに参加したり、海外のイベントにも参加していました。ずっと行きたいと思っていたイベント「ULTRA JAPAN」にも参戦してきました。現在はバーチャルクラブイベントが多いので、オンラインDJとして活動しています。早く通常に戻って欲しいですね。

■不動産投資と出会うまでの自分

普通に仕事して、家族のためと思って頑張っていました。21歳で結婚したということもあって、43歳のときには長男、次男ともに社会人となりました。2人が家から巣立つと、妻との会話もなくなり、話が出るとすぐにケンカという毎日でした。妻も働いていたので、45歳になる前に離婚しました。なんのために仕事をしていたのか分からなくなりましたね。家族のためだと思っていた自分自身の気持ちが、泡のように無くなりました。胸に大きな穴が空いた感覚でしょうか。仕事を頑張ることもなくなり、そこからはなんとなく仕事をしていました。

■不動産投資と出会ってからどのように変わったのか？

出会いは会社にかかってきた営業電話です。shinくんと同じ状況です。一人になったこともあって老後の不安もありました。ちょっと強引な営業マンでしたが、1件目を契約しました。

この物件、収支は良くはなかったのですが、立地が良かったこともあり、1年前に売却しています。売却利益は800万円ありました。

1件目を購入してからはマンション経営に興味が出てきて、2件目以降はすべて中古物件です。都内や福岡中心に購入しています。shinくんと出会ったのは5年くらい前ですね。確か「楽待」に連載コラムを書いていたので、そこから知りました。

私は自分のマンションに民泊を取り入れて収益を上げていたのですが、shinくんも似たようなことをしていたので、連絡したのがきっかけです。あの時代の民泊は入れ食い状態だったのでメチャクチャ稼がせてもらいました。おかげさまで5部屋はローンを完済しています。正直、老後の不安から始めた不動産投資ですが、楽しくなってきて現在は11部屋となりました。

会社の仕事はやる気がないので、いつリストラされるか分からないですし、年金も減ったり支給年齢が遅くなったりと、不安しかありませんでした。しかし現在は、不労所得年収が620万円ほどあるので、一人であれば十分生活できます。しかもまだローン残債があるので、完済すれば920万円ほどの不労所得となります。

■不労所得を目指す読者へのメッセージ

過去の私のように、一生懸命に頑張って糸がたゆまないように張り詰めていても、突然糸が切れることがあります。私の場合は離婚でした。なんのために生きていたのか、分からなくなったのです。不労所得（私の場合は老後不安）が生きる活力になったのは、言うまでもありません。

今では、DJという新しい生きる目的もできました。再婚もしたいなと思えるようになり、婚活パーティーも積極的に参加しています。shinくんの周りには、本当にいろんな人がいます。不労所得で年間3億円稼いでいる人から、私みたいなヒヨッコまで、千差万別です。shinくんが優しいからですね。

shinくんの本を読んだあなたが、私のように自分のためではなく、他人のために頑張っているのだとしたら、頑張りすぎないで、自分のために生きてほしいと思います。「後悔先に立たず」です！

ｐＳ：再婚はまだですが、コロナ禍のためネット関係をかなり勉強しました。そうしないと、ＺＯＯＭを使うオンラインＤＪはできませんからね。携帯とパソコンもアップルにしちゃいましたよ。おかげさまでアプリ関係がかなり詳しくなり、活用しています。不労所得があるので、有料サービスや優良女性も紹介してくれています。今は期待しかありません笑。

三人目

31歳で不労所得年収1億円

ミスターR氏　東京都在住

■プロフィール

自由人（元メーカー会社員）。会社員時年収４００万円。既婚。座右の銘「自由自在」。食べ歩きと飲むことが大好き。好きな漫画は「ベルセルク」。８年前から不動産投資を開始。ワンルームマンション５戸、一棟ＲＣマンション３棟、８店舗のオーナー、ヘッジファンド収入などで、不労所得年収１・２億円。

■自己紹介

ミスターRといいます。ブログもしているので探してみてください笑。投資は好きで様々なものを実践しています。年収400万円のサラリーマン時代に「副業＋投資」を開始して現在は、好きなことを仕事（遊び？）にして、自由に生活しています。

■不動産投資と出会うまでの自分

大学時代の友人に比べると年収が低いこともあって、いつも劣等感がありました。かといって、当時は手持ち資金もほとんどなく、投資をしようにもお金がないからできないという状態でした。そのため、アルバイトで元手を稼ぎつつ、副業である物販やアフィリエイトなどをがむしゃらに頑張っていました。月収10万円達成するために、朝は5時から8時までマクドナルドでバイトをし、仕事が終わると夜12時近くまで作業をしていました。1年ほど頑張りましたが、思ったような成果はでませんでした。

■不動産投資と出会ってから、どのように変わったのか？

副業で稼ぐのは甘くない……もうやめようと思っていたときに、大学の友達が不動産投資をしているという話を聞きつけました。友人に会って話を聞くと、どうやらすぐにはお金が増えるわけではなさそうだが、時間をかければ確実に儲かる話だと理解できました。

地方のワンルームから始め、都内の中古ワンルームを買増し、一棟ＲＣまで保有しました。この一棟が、あの問題になった○ルガ銀行から融資を受けたサブリース物件でした。2014年なので、まだまだ好調のときでしたね。CFも十分出ていたので、そのお金を様々な投資に投下しました。

結果、大成功して現在に至ります。2018年にサブリースが不当に解除されてしまい、管理で一瞬困りましたが、horishinさんにアドバイスいただき、収支はむしろ上がりました笑。不動産投資が私の成功をサポートしてくれたおかげです。ワンルームもすべて購入時の価格よりも上がっていますし、ありがたい限りです。2015年には会社を設立し、独立にも成功しました。法人での不動産購入も成功し、これからが楽しみです。

■不労所得を目指す読者へのメッセージ

私は動くことが好きなため、不労所得生活といっても、次なる投資先を常に探しているタイプです。独立すれば、会社に縛られることがなく自由自在に動けるため、稼げるスピードは一気に上がります。これも手堅く不動産投資で毎月のキャッシュフローが出ているからです。勢いだけでサラリーマンを辞めていなくて良かったです。

当時頑張っていた物販やアフィリエイトの収入は、今はありません。時代の変化に対応しないといけないからです。動き続けないと稼げないですからね。一瞬、副業で稼いだとしても、それが安定的に継続するとは限りません。確実かつ安定的にお金を生んでくれる不動産投資を実践してからの独立をオススメします。
pS：この2年の間にダメになった投資もありましたが、不動産投資だけは裏切りませんでした。底堅く不動産投資の収入があるので、思いきって店舗を増やすことができたんです。時代に則した店舗ビジネスをしていたおかげで、この状況でも好調はキープしています。不動産の収入が無かったら、ここまでアグレッシブには動けなかったですね。改めて、horishinさんありがとうございます！

四人目

エステにはまってオーナーに
ビューティー大家氏（年齢ヒミツ）東京都在住

■プロフィール
OL（食品メーカー）。年収640万円。独身。愛犬のチワワ（2匹）と遊ぶことが至福の時間。ネイルはプロ並みの自負がある。自宅は日比谷線沿線。4年前から不動産投資を開始し、現在はワンルームマンション2戸。ファミリーマンション1戸。一棟アパート2棟。2店舗のオーナー。不労所得年収800万円。投資総額2・1億円。

■自己紹介

美にうるさいビューティー大家です☆　エステが好きすぎて、自分でエステサロンを開業しました。会社員なので、もちろん副業です。巣ごもり需要とテレワークのおかげでネイルサロンが絶好調です。出会いをくださったhorishinさん、ありがとうございます！

■不動産投資と出会うまでの自分

食品メーカーの広報部門にいるのですが、仕事は好きです。美にはうるさいですが、正直なところ、美人ではありません涙。そのため、美容にお金をかなりかけていました。女性ですから、ちょっとはモテたいですもん。

男性の方は分からないと思いますが、体型を維持するためのエステってむっちゃ高いんですよ。あっ！　関西弁出ちゃいました笑。会社のお給料だけでは……なんですよ。決して会社のお給料が安すぎると言いたいわけではないですよ。ちゃんと働いた分はもらっています。

エステで週2回くらい通うコースになると、年間で150万円くらいかかります。そんな大金を払ってくれるパパもいてないですし笑。都合の良いパパがおらんかなとネットで探していてたどり着いたのが、horishinさんのサイトでした。

■不動産投資と出会ってからどのように変わったのか？

horishinさんに連絡をして実際に会いに行きました。決してパパ活狙いではないですからね！念のために言っておきます笑。私でもできる確実で安全な不動産投資の方法を教えてもらい、現在に至ります。むっちゃ親切に教えてくれて親身になってくれたので、何の不安もなく始められました。今も仲良しです。

不動産投資をして一番変わったのはエステ代を不動産（ある意味パパ笑）が払ってくれる点です。不動産投資からの不労所得は４００万円強あるので十分すぎるほどです。ちなみにエステの効果なのか？男性から声を掛けられる機会が増えました。まぁ、おっさんばっかりなんですが……。

今はhorishinさんからのつながりでミスターRさんと仲良くなり、3年前に一緒にエステ店をオープンしました。ちょうど私が通っているエステティシャンの方が独立を考えていて、それであれば一緒にやろうとなったんです。

でも、店舗運営のノウハウがなかったのでhorishinさんに相談してみると、ミスターRさんを紹介していただきました。ミスターRさんのことは、horishinさんの飲み会とかで知っていましたが、店舗までやってるとは知らなかったんです。単なるお金持ちとしか思っていませんでした爆。この場を借りて謝ります。すいませんでした。

店舗運営は不動産投資と比べると大変ですが、勉強にもなりますし、好きなことをしているので楽しいですね。しかも、競合調査費という名目で、エステ店で稼いだお金を使って他のエステに通うこともできます。エステオーナー万歳です笑。

■不労所得を目指す読者へのメッセージ

今は不動産だけではなく、店舗のオーナーとしても不労所得を得ています。不動産からの不労所得がきっかけで、大きく人生が変わりました。今後はもっともっと輝きそうです。

不動産投資と聞くと、どうしても怖いイメージがあります。私の最初はそうでした。そんなときは指針となる人を見つけてください。お金を払って塾に入るとかではありません。それではお客様になってしまいます。師事する人にこちらもメリットが出せるように考えましょう。良い師匠がみつかれば、一気に人生好転しますから。

pS：現在は権利を買い取って私だけのお店になりました！　ミスターRさんとは喧嘩はしてないですからね！　むっちゃ仲良しです！その後に2店舗目も出すことになって、不況になったので良い人財との出会いがあったんです。それで店長になってもらったんです。そしたらむっちゃちゃできる人で売上爆上がり中です。この勢いだと人手不足凄そうなので、一緒に働きたい人絶賛募集中です！　毎月のミーティングと合コンもあるのでそのときはよろぴくで〜す！

五人目

コロナショックで給与激減でも充実一途

ブラックジャック氏（33歳） 神奈川県在住

■プロフィール

医師（外科医ではなく内科）。年収1300万円（今後は900万円ほどに激減…涙）。独身。不動産投資を初めて現在ワンルーム8戸、太陽光4基、その他金融商品。年間400万円の不労所得。

■自己紹介

都内の病院に勤務しているブラックジャックです。趣味はサーフィンで、週末は湘南の海に繰り出しています。サーフィンのために買ったランドクルーザープラドが愛車です。

■不動産投資と出会うまでの自分

本当に普通の医者でした。地元は都内ですが、都心部と言うよりは少し外れで学生時代は勉強・勉強の日々でした。進学校に入っても予備校とのダブルスクールで部活もしたことがありませんでした。親が医者ということもあって、家に帰ってからも勉強でしたね。

異性との交流も「不純異性交遊は許さん」の一点張りで……。長時間勉強をしていた割にはそこまで奮うことはなく、私立の医学部にギリギリ合格しました。入ってからも青春を感じたことはなく、真面目な学生生活をしていました。社会人になってからは、そんな自分から抜け出したいとは思いながらも、変わることはできずに真面目に仕事をしていました。当たり前ですが、趣味もなく仕事・仕事で彩りがない毎日でした。

■不動産投資と出会ってからどのように変わったのか？

自分を変えたいと悶々と考えながら通勤する電車の中でhorishinさんの著書のポスターが偶然目に飛び込んできました。とてもかっこいい生き方している人がいるんだなと思ったんです。その後、偶然にも大崎駅の中の書店で著書を見つけて「運命だ！」と感じて購入しました。horishinさんの生き方に共感したわけです。不動産投資はもちろんですが、horishinさんと出会って一番変わったのは「考え方」です。自分らしく生きようと思えたんです。不動産投資は手段にすぎず、不動産投資を行う過程の中でのhorishinさんの考え方やマインドが今の人生の石杖になりました。

今までは親に敷かれたレールに乗っていただけでしたが、自分らしくありたいと思いサーフィンを始めてみました。なぜか肌の色がこんがり焼けてくると自分に自信が持てるようになったんです。今では、さらなる高み追求のため毎週ジムに行って自分磨きをしています。

今はまだサーフィン仲間ですが好きな人もできて、思いをうまく打ち明けられるように様々なシーン別に告白のシミュレーションをしています。自分をしっかりと持った女性で長い髪が潮風で揺れる姿が好みなんです。

■不労所得を目指す読者へのメッセージ

私は元々不労所得を目指していたわけではありませんでした。しかし、horishin さんに出会ったおかげで人生が大きく好転しました。実はこのコロナによって病院に来られる患者さんの数が激減しています。これによって2020年の年収は激減です。今後も数年は下がったままだと思われます。しかしながら、不動産投資から始まった不労所得で元々の給与はキープできそうです。今後も拡大はしていきます！　おかげさまで精神的にも安定しています。

自分の精神安定剤となるものを持っておけば、どんな状況でも優位に動けると言われています。私にとっては、それが不労所得でした。単なる不労所得ではなく、horishin さんに考え方を教えてもらいながらの不労所得ですね。読者の方は、自分にとって一番の精神安定剤は何なのかを考えてみると良いと思います。精神安定剤があれば、人生は自分の思いのままですよ！

あとがき　～仲間をつくるのが使命

私は２０１５年に、利害関係ではなく本当の仲間が欲しいと思い、ブログを始めました。現在は、さきほど紹介した仲間だけではなく、１２０人以上の不労所得の同志がいます。

不労所得を創り出す作業に関わるのは自分だけなので、孤独です。私のように孤独が嫌いで仲間を求めている人は多いと思います。そういう方は、ぜひ不労所得を一緒に創っていきましょう。

私の仲間には、不動産投資を勉強している人や行動し始めている初心者の方がたくさんいます。第1章で家庭教師の話を書きましたが、人に教えるのが大好きなんです。

「horishinさんのおかげで、〇〇万円のキャッシュフロー出ましたよ！」

「アニキ！　一生ついていきます！」

と言われたときの私の顔は、ニヤけまくって気持ち悪いでしょうね。どんどん私をニヤけさせに来てください笑。

特にサラリーマンにとって、今の日本社会は、コロナ問題を起因に、税金増・物価上昇・保険料増・年金減と、支出は増えるけれど収入は増えない壁に直面しています。さらに収入は増えないどころか、減ることが考えられます。社会があなたを守ってくれる時代は終わったのです。

逆に法人（お金持ち）は、法人税減・株式投資の税金減・不動産投資の税金減と、どんどん優遇されています（※不労所得を得ている人は法人持ってますからね！）。法人はあなたを守ってくれます。

明らかに格差社会が顕著になってきています。

昔の私のように、この時代の中、現実を受け入れられないまま、毎日をあくせく働いている方がたくさんいます。

しかしながら、本書を手に取ったあなたのように、行動力を持って、現実に立ち向かう人もいます。

私が実践してきたことは特別な才能不要で、どんな社会情勢でも再現性の高い投資手法です。なので、あなたも必ずできるはずです。

「労働＝美徳」という洗脳から脱出し、あなたらしい「自由」と「幸せ」を手に入れてください。

本書を最後まで読んだあなたなら、それが可能です。

新時代はあなたを迎え入れようとしています。

では、また。

horishin（ホリシン）

「The Cash Academy」代表。

1980年、和歌山県生まれ。大学院修了後、日系大手シンクタンクに入社。数回の転職を経て独立し、現在は不労所得を得ながら、フリーの弁理士・中小企業診断士として上場企業を中心に複数の企業の顧問やアドバイザーとして活躍中。2014年より、区分不動産投資をスタートし、2015年からは１棟不動産投資へシフト。2020年現在、８棟107戸＋区分14戸＝計121戸の物件（約11億円の資産）を所有するに至る。「精神的にも物質的にも豊かな人生」を目指し、不動産を中心とする複数のストックビジネスを実現・拡大すべく活動している。

【投資ポートフォリオ】国内区分不動産、国内１棟不動産、海外株式、ヘッジファンド、仮想通貨、ベンチャー事業、店舗事業など。

【保有資格】弁理士、中小企業診断士。

horishin公式ブログ→

ズボラでも一生《いっしょう》お金《かね》に困《こま》らない 不労所得生活《ふろうしょとくせいかつ》！

2021年1月13日　初版発行
2023年4月27日　５刷発行

著者　horishin
発行者　和田智明
発行所　株式会社 ぱる出版

〒160-0011　東京都新宿区若葉1-9-16
03(3353)2835 ― 代表　03(3353)2826 ― FAX
03(3353)3679 ― 編集
振替　東京 00100-3-131586
印刷・製本　中央精版印刷(株)

ISBN978-4-8272-1264-8 C0033